친구들에게 인기 만점!
엄마표 캐릭터 김밥

KAWASUMI KEN NO ICHIBAN WAKARIYASUI! KAZARIMAKIZUSHI NO TSUKURI KATA
Copyright © Ken Kawasumi 2013 All rights reserved.
Original Japanese edition published in 2013 by SHUFUNOTOMO Co., Ltd, Tokyo.
Korean translation rights arranged with SHUFUNOTOMO Co., Ltd, Tokyo.
and MAEKYUNG PUBLISHING. Inc., Korea through PLS Agency, Seoul.
Korean translation edition © 2015 by MAEKYUNG PUBLISHING. Inc., Korea.

이 책의 한국어판 저작권은 PLS 에이전시를 통해 저작권자와 독점 계약한 매경출판에 있습니다.
신저작권법에 의하여 한국 내에서 보호를 받는 저작물이므로 무단 전재와 복제를 금합니다.

아이를 위하는 진정한 부모 ①

친구들에게 인기 만점!

엄마표 캐릭터 김밥

가와스미 캐릭터 김밥 검정 교과서

가와스미 겐 지음
김소영 옮김

맛있고 즐겁게, 한 번쯤은 꼭 만들고 싶은 캐릭터 김밥!
오늘부터 캐릭터 김밥 만들기의 달인이 된다!

모양이 예쁘고 귀여워도 맛이 없으면 소용 없다! 모양도 맛도 좋은 달인의 기술을 배우자!

매일경제신문사

친구들에게 인기 만점!
엄마표 캐릭터 김밥
Contents

[시작하기 전에] 이 책의 활용법 ... 6
캐릭터 김밥 만들기의 매력 속으로!
재밌게 만들고, 즐겁게 보고, 맛있게 먹자! ... 8

소원을 이뤄주는 행운 김밥 ... 9

❶ 칠복김밥(가내 평안) ... 10
❷ 요술방망이(금전 운 상승) ... 12
❸ 달마(합격 기원) ... 14
❹ 하트(사랑 고백) ... 16

column ● 식중독 예방을 위한 3원칙 ... 18

Chapter 1
꼬마 김밥을 조립해 보자 ... 19

❶ 소용돌이 ... 20
❷ 복숭아꽃 ... 22
❸ 바람개비 ... 24

column ● 꼬마 김밥 응용편
○△□ 로 오리지널 캐릭터 김밥에 도전해 보자! ... 26

Chapter 2
간단한 부분부터 말아 보자 ... 27

❶ 장미 ... 28
❷ 크리스마스 트리 ... 30
❸ 귤 ... 32
❹ 눈사람 ... 34
❺ 자동차 ... 36
❻ 코스모스 ... 38
❼ 포도 ... 40
❽ 작은 인형 ... 42

column ● 초밥 이모저모 - 1 ... 44

Chapter 3
산과 계곡을 만들어 보자 ... 45

❶ 체리 ... 46
❷ 민들레 ... 48
❸ 달팽이 ... 50
❹ 매화 ... 52
❺ 게 ... 54

column ● 〈김밥을 예쁘게 말고 싶다면?〉
가와스미 선생님! 가르쳐 주세요! ... 56

Chapter 4
캐릭터 윤곽을 따라 김을 말아 보자 ... 57

- ❶ 꾀꼬리 ... 58
- ❷ 병아리 ... 60
- ❸ 펭귄 ... 62
- ❹ 개복치 ... 64
- ❺ 고래 ... 66

column ● 초밥 이모저모 - 2 ... 68

Chapter 5
좌우 대칭 쌓기로 얼굴을 만들어 보자 ... 69

- ❶ 개구리 ... 70
- ❷ 곰 ... 72
- ❸ 문어 ... 74
- ❹ 판다 ... 76
- ❺ 고양이 ... 78
- ❻ 점박이 물범 ... 80
- ❼ 돼지 ... 82
- ❾ 핼러윈 호박 등불 ... 84

column ● 초밥 이모저모 - 3 ... 86

Chapter 6
쌓아서 말아 보자 ... 87

- ❶ 눈 덮인 산 ... 88
- ❷ 옥토끼 ... 90
- ❸ 달맞이 경단 ... 92
- ❹ 도미 ... 94
- ❺ 축하 ... 96

column ● 초밥 이모저모 - 4 ... 98

캐릭터 김밥의 기본 A부터 Z까지 ... 99

- 기본❶ 맛있는 밥 짓기 ... 100
- 기본❷ 김 준비 ... 104
- 기본❸ 얇은 계란지단 만들기 ... 105
- 기본❹ 색깔별 속재료 ... 106
- 기본❺ 캐릭터 김밥에 사용하는 도구 ... 107
- 기본❻ 꼬마 김밥 만들기 요령 ... 108
- 기본❼ 캐릭터 김밥 만들기 요령 ... 110

[시작하기 전에] 이 책의 활용법

이 책은 1장에서부터 6장까지 난이도 순서대로 구성되어 있다.
하지만 마음에 드는 김밥부터 만들어도 좋다. 먼저 이 페이지를 잘 읽어 보면, 누구라도 쉽게 캐릭터 김밥을 만들 수 있을 것이다!

김

김의 가로세로 방향을 확인하면서, 그림을 보고 필요한 분량만큼 자른다. 이 책에서 말하는 '기본 크기의 김'이란 한 장의 김에서 길이가 긴 쪽을 반으로 자른 크기이다(10.5×19cm). 2/3장, 1/2장 크기란, 말 그대로 기본 크기의 김을 다시 2/3, 1/2 크기로 자른 것을 말한다. 한 장의 김을 변의 길이가 짧은 쪽부터 반으로 자를 경우는 '한 장의김을 ~ 크기로 자른다'라고 표기한다.
※김을 자르는 방법은 102페이지 참조

밥

캐릭터 김밥을 만들 때는 기본 밥(98페이지)뿐 아니라, 색이나 맛을 가미한 밥도 사용한다. 특정한 재료를 섞어서 색을 낸 밥을 만들어 둔다.
ⓐ 캐릭터 김밥을 만드는 데 필요한 기본 밥의 양
ⓑ 색을 낸 밥을 만드는 데 필요한 기본 밥의 양
ⓒ 색을 내기 위해 밥에 섞을 재료
ⓓ 완성된 밥을 색깔별로 이름을 붙여 기재
ⓔ 지정한 양만큼 그램 수로 나눔
※마르기 쉬우므로 젖은 천이나 랩으로 감싸 둔다.

재료

이 부분에서는 무늬를 만드는 데 필요한 재료에 대해 설명한다. 밥에 섞을 재료에 대해서는 언급하지 않았다.

개별 부분

필요한 부분과 그 개수를 설명한다. 만들기 전에 확인해 둔다.

각 제품 구성

마무리할 때의 주의사항

김이 눅눅해지면 자르기 어렵고 재료를 올리기도 쉽지 않다. 또 김 자체가 쭈그러들 수 있으므로, 마지막으로 자르거나 마무리해야 할 경우 '※마무리할 때~'라고 기재해 두었다.

조립
개별 부분이 전부 준비되면 김밥을 만들기 시작한다.

밥을 펼 때의 주의사항
기본 김은 세로로 펼친다 (108페이지 참조). 밥의 양이 적을 때는 사진처럼 김을 가로로 길게 놓고 밥을 깐다.

밥 위에 밥을 쌓을 때의 주의사항
밥 위에 다시 밥을 쌓을 경우에 예쁜 모양을 만들기 위한 주의사항을 설명한다.

김밥을 예쁘게 말기 위한 주의사항
① 97~109페이지의 '캐릭터 김밥의 기본 A에서 Z'를 자세히 읽어본다.
② 해당 페이지를 찬찬히 읽어본다.
③ 필요한 재료(김, 밥, 재료, 도구)를 미리 준비해 둔다.
④ 개별 부분을 만든다.
   (※특별한 지시가 없을 때는 원하는 순서대로 해도 된다.)
⑤ 주의 사항을 상기하며 만든다.
⑥ 잘 드는 칼로 자른다.
⑦ 마무리한다.

Chapter 1 꼬마 김밥을 조립해 보자

조 립

1 김 1장과 1/3장을 연결한다. 흰밥 60g을 펴 바른다. 중앙에 김의 면을 아래로 향하게 하여 입 부분을 얹고 양쪽에 흰밥을 각각 15g씩 올린다. 입 중앙에 코를 올린다.

2 코 양쪽에 막대 모양으로 만든 흰밥을 각각 30g씩 올린다.

3 양쪽 옆에 올린 흰밥을 코 위로 얇게 펴 바른다.

4 넓적하고 둥글게 만든 흰밥 120g을 그 위에 얹는다.

Chapter 5 좌우 대칭 늘리기로 3영하여 다음으로 보자

5 높이 쌓인 흰밥을 조금씩 옆으로 펴.바른다.

순서대로 쌓는다.

김을 말 때의 주의사항
김을 말기 직전의 모습이다. 원 속 사진을 통해 김밥을 만 후의 모습을 알 수 있도록 해 두었다. '순서대로 쌓는다.' 는 완성작과 똑같이 아래서부터 쌓아 올리는 것이다. 반대로 '거꾸로 쌓는다.' 는 완성작을 뒤집어 둔 모양으로 쌓는 경우를 말한다. '순서대로 늘어놓는다.' 는 부분들을 옆으로 나열하라는 의미이다.

6 대발을 손바닥에 올려놓고 윗부분을 둥글게 누르면서 김을 만다.

7 대발을 한쪽씩 접어 김을 완전히 덮는다.

8 대발을 양손으로 누르면서 타원형으로 만든다. 대발 끝으로 김밥을 옮겨 균형을 맞춰가며 양쪽 측면을 평평하게 다듬는다. 4등분하여 형태를 잡아준다. 절단면이 위를 향하게 하여 눈과 눈썹을 붙이고 지느러미를 달아준다.

흰 접시 위에 올려놓으면 얼음과 눈 사이로 얼굴을 내밀고 있는 것처럼 보인다.

대나무 발을 덮는다. 대나무 발은 손으로 잡고 덮는 게 원칙이지만, 상대적으로 무거운 재료는 도마에 놓은 상태로 덮기도 한다.

자를 때의 주의사항
칼놀림이 서툴면 무늬가 흐트러진다. 자르는 방법은 109페이지 참조.

캐릭터 김밥 만들기의 매력 속으로!

재밌게 만들고, 즐겁게 보고, 맛있게 먹자!

캐릭터 김밥의 매력은 무엇일까?

첫 번째 매력

먹는 사람도, 만드는 사람도 행복한 요리!

필자는 지금까지 300종류 이상의 캐릭터 김밥을 만들어 왔다. 하지만 시간이 지나면 지날수록 캐릭터 김밥은 진화하고 있다. 그 매력을 한마디로 말하자면 '먹는 사람도, 만드는 사람도 행복하게 만드는 요리'라는 게 아닐까. 보는 것만으로도 즐겁지만, 사람들이 김밥을 맛보며 기뻐하는 모습을 보는 것이 캐릭터 김밥을 만드는 가장 큰 즐거움이다. 또한 새로운 무늬를 고안해 오리지널 김밥을 만들어 냈을 때의 기쁨, 그리고 캐릭터 김밥을 통해 새로운 만남과 발견의 기회를 얻을 수 있다는 것도 캐릭터 김밥의 매력 중 하나이다.

두 번째 매력

김밥 한 줄로 세계와 통한다!

해외에 요리를 소개할 때 필자는 꼭 이 캐릭터 김밥을 선보인다.
김밥의 단면에서 어떤 무늬가 나타나면 모두의 입에서 탄성이 터져 나온다. 그들에게는 마치 마술처럼 보이는 모양이다. '맛'과 '멋'은 만국 공통으로, 말이 필요 없다. 이렇듯 캐릭터 김밥을 단순히 만들기 즐거운 요리에 그치지 않고, 맛있는 '식문화'로서 해외에 적극적으로 알리고 싶다.
여러분도 이 책을 통해 캐릭터 김밥의 즐거움을 느끼고, 외국인과의 커뮤니케이션에도 활용해 보길 바란다.

세 번째 매력

아이들과 소통하기에도 효과 만점!

최근에는 아이들과 같이 요리할 기회가 점점 줄어들고 있다. 캐릭터 김밥은 과자를 만들고 장난감을 조립하는 놀이처럼 느껴지지만 무엇보다 '내가 먹을 음식'을 자신이 직접 만들어 보는 기회를 제공함으로써 올바른 먹거리 교육을 하는 데 효과적이다. 어린 아이들과 같이 만들 때에는 마무리로 김을 붙이는 것만 시켜도 된다. 아이들은 그것만으로도 '내가 만들었어!'라며 자랑스러워한다. 밥을 만져보고, 식재료를 기억하고, 자기 작품을 먹어 보는 아이들. 이 아이들에게는 스스로 요리를 만들어 보는 데서 오는 달성감이 넘쳐 흐를 것이다.

캐릭터 김밥의 세계를 한층 넓힐 수 있는 건 바로 당신이다.

많은 학생을 가르치게 되면서 '캐릭터 김밥'의 가능성을 다시 확인할 수 있었다. 학생들 또한 자신만의 무늬를 고안하거나 자신이 좋아하는 식재료를 활용해 자신만의 김밥을 만들어 내게 되었다. 캐릭터 김밥의 새로운 가능성은 바로 이런 분들에게서 나온다. 그리고 이 책을 손에 든 여러분도 그 중 한 사람이다. 매년 돌아오는 계절과 여러 행사를 빛내 줄 캐릭터 김밥을 함께 널리 알려 나가자.

가와스미 겐의 활동이나 강의 정보, 검정제도에 대한 내용은 아래 사이트에서 확인할 수 있다.
• 가와스미 캐릭터 김밥 협회 : http://kazarisushi.jp/
• 가와스미 캐릭터 김밥 보급회 : http://kazarimaki.com/

소원을 이뤄주는 행운 김밥

특별한 날 먹으면 좋은 행운 김밥을 만들어 보자. 가내 평안, 금전 운 상승, 합격 기원, 사랑 고백 등 소원을 이뤄줄 것 같은 행운 김밥을 모았다.

소원을 이뤄주는 행운 김밥 ❶

칠복김밥

칠복신(7가지 행운)에서 따온 7가지 재료로 만든 김밥이다. 'e자 말기'를 통해 김이 안쪽으로 감기게 끝에서부터 돌돌 말기만 하면 된다. 굵게 마는 기법 중에서도 가장 쉬운 방법이라고 할 수 있다. 재료를 바꾸면 얼마든지 다른 모양으로 응용할 수 있다.

● 기본 밥

기본 밥 150g → 흰 밥

● 재료

계란말이(가로세로 1.5cm, 길이 10cm) ··· 1개
연어 알 ··· 15g / 볶은 참깨 1/2작은술 / 오보로 ··· 1/2큰술
  ※ 오보로 : 생선 등을 으깨어 양념한 다음 볶아서 만든 분홍색 가루. 백년초 가루를 대신 사용해도 좋다.
오이(채 썬 것, 길이 10cm) ··· 10조각
오징어(너비 2cm, 길이 10cm) ··· 1조각 / 연어 회(너비 2cm, 길이 10cm) ··· 1조각
참치 회(너비 2cm, 길이 10cm) ··· 1조각
  ※ 격자 모양으로 칼집을 내어 둔다.
  ※ 오징어, 연어, 참치 회는 너무 두꺼우면 말기 어려우므로 주의한다.

● 김

◯ 재료를 펼친다.

1 오른쪽 위의 김 1장과 1/2장을 연결한다. 흰 밥 150g을 3등분해서 뭉친 다음 김 위에 차례로 나란히 올린다.

2 앞쪽부터 순서대로 누르면서 밥을 김 위에 깐다. 김의 앞쪽 5mm, 반대쪽 2cm를 비우고 밥을 김 위에 평평하게 깐다.

3 밥의 반대쪽 끝에서부터 4cm, 몸쪽에서 부터는 6cm를 비우고 그 사이에 재료를 올리기 시작한다. 가장 먼저 달걀말이를 몸쪽에서부터 6cm 선에 올리고, 그 앞에 오보로를 깐다.

4 밥 위에 참깨를 뿌리고 연어 알을 흩뿌린다. 그 위에 오이를 얹는다.

오보로는 달걀말이와 닿는 부분에는 두껍게 시작해서 끝으로 갈수록 얇게 올린다. 얹는 방법에 따라, 다양한 그라데이션 효과를 줄 수 있다.

올해의 행운 김밥을 직접 만들어보자!

일본에는 절분(입춘, 입추 등)에 김밥을 먹으면 복이 온다는 풍습이 있다. 12간지에 따라 정해진 방향으로 서서, 소원을 빌며 자르지 않은 김밥을 단번에 먹으면 소원이 이뤄진다고 한다.
이 행운 김밥도 캐릭터 김밥의 한 종류이다. 이 책에서는 흔히 볼 수 있는 재료가 꽉 찬 김밥뿐 아니라, 하트나 달마, 요술방망이처럼 좋은 운이 들어오도록 도와주는 특별한 모양의 김밥도 함께 소개한다. 사랑 고백, 시험 합격, 금전 운 상승까지 이뤄주는 김밥을 직접 만들어 보자!

조립

1 재료를 손으로 누르면서 대발 앞쪽의 끝을 세운다.

→ 엄지손가락을 어떻게 사용하는지 확인

예쁘게 마는 노하우

2 대발을 감아 밥이 대발 끝에 닿으면, 대발에 감은 밥을 감싸듯이 쥐고 몸 쪽으로 당긴다.

3 밥에 닿은 대발 끝을 위로 들춰 올리고, 앞쪽으로 김밥을 굴리면서 단단하게 만다.

말다 보면 재료가 흐트러지므로 손가락으로 누르면서 만다.

4 대발을 손에 쥐고 한쪽 끝으로 김밥을 밀어 모양을 둥글게 만든다. 김밥 양쪽 끝 부분을 평평하게 다듬는다.

재료 배치도 (왼쪽 사진)

- 2cm (김 윗 여백)
- 4cm
  - 연어 알
  - 연어 회
  - 오이
  - 참치 회
  - 오이
  - 오징어
  - 오이
  - 계란말이
  - 오보로
- 계란 두께만큼 간격을 띄운다
- 6cm
- 5mm

5 오징어, 참치 회, 연어 회 사이에 약간씩 간격을 둔다.

순서대로 늘어놓는다.

Chapter 1 꼬마 김밥을 조립해 보자

소원을 이뤄주는 행운 김밥 ❷

금전운
상승
요술방망이

두드리면 무엇이든 소원을 이뤄주는 요술방망이는 금전 운과 행운을 상징한다. 재료를 어떻게 자를지, 김을 어떻게 사용하는지에 따라 모양이 평면에서 입체로 변하는 신기한 김밥을 만들어 보자.

● 밥

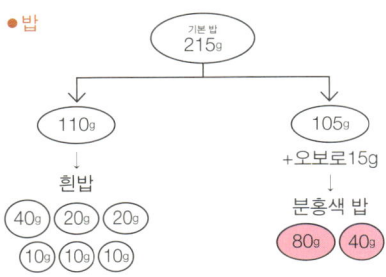

● 재료
계란말이 (4×3×10cm) … 1개
참깨 … 1/3작은술
찐 어묵 (길이 10cm) … 1개
오이 (길이 10cm) … 1개
데친 시금치 (길이 10cm) … 10g
※물기를 꼭 짜둔다.

● 김

개별 부분

머리 ×1
자루 끝 ×1
장식 끈 ×2
자루 ×1

머리 김 2/3장, 김 폭 4cm+계란말이
1 계란말이 네 귀퉁이를 잘라낸다.
2 한쪽 면을 그림처럼 반달 모양으로 베어낸다.
3 베어낸 부분에 4cm 폭의 김을 끼운다.
4 계란말이 겉면을 김으로 감싼다.

자루 끝
김 1/3장+찐 어묵
찐 어묵을 점선처럼 잘라 ①을 김으로 싼다.

자루
김 폭 2cm+찐 어묵
찐 어묵을 점선처럼 잘라 ②를 김으로 싼다.

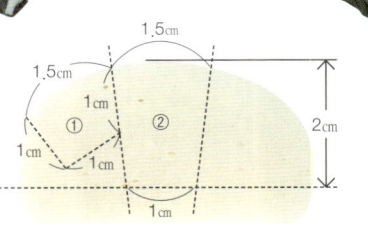

장식 끈
시금치+오이
오이는 점선처럼 바깥쪽을 활꼴로 자른다. 잘라낸 조각은 다시 세로로 반을 자른다. 4cm 폭으로 펼친 시금치 위에 오이를 얹어 반으로 접는다. 총 2개를 만든다.

조립

1. 김 1장과 2/3장을 연결하고 그 위에 분홍색 밥 80g을 깐다. 그런 다음 대발을 가로 방향으로 돌린다. 중앙에 자루를 놓고(폭이 넓은 쪽이 아래로 오도록 한다.) 밥에 참깨를 뿌린다.

2. 자루 왼쪽에 흰밥 40g을 길게 뭉쳐서 올린다. 오른쪽에는 흰밥 10g을 딱 붙여, 자루 꼭대기에서 밥 쪽으로 경사지게 만든다.

각이 확실히 보이도록 한다.

3. 두터운 부분이 아래로 가도록 하고, 경사면 위에 장식끈을 올린다.

4. 끈 위에 흰밥 10g을 펴서 얹고 다른 끈을 겹치게 올린다.

5. 다시 끈 위에 흰밥 10g을 편다. 자루 위에는 머리와 자루 끝 부분을 올린다.

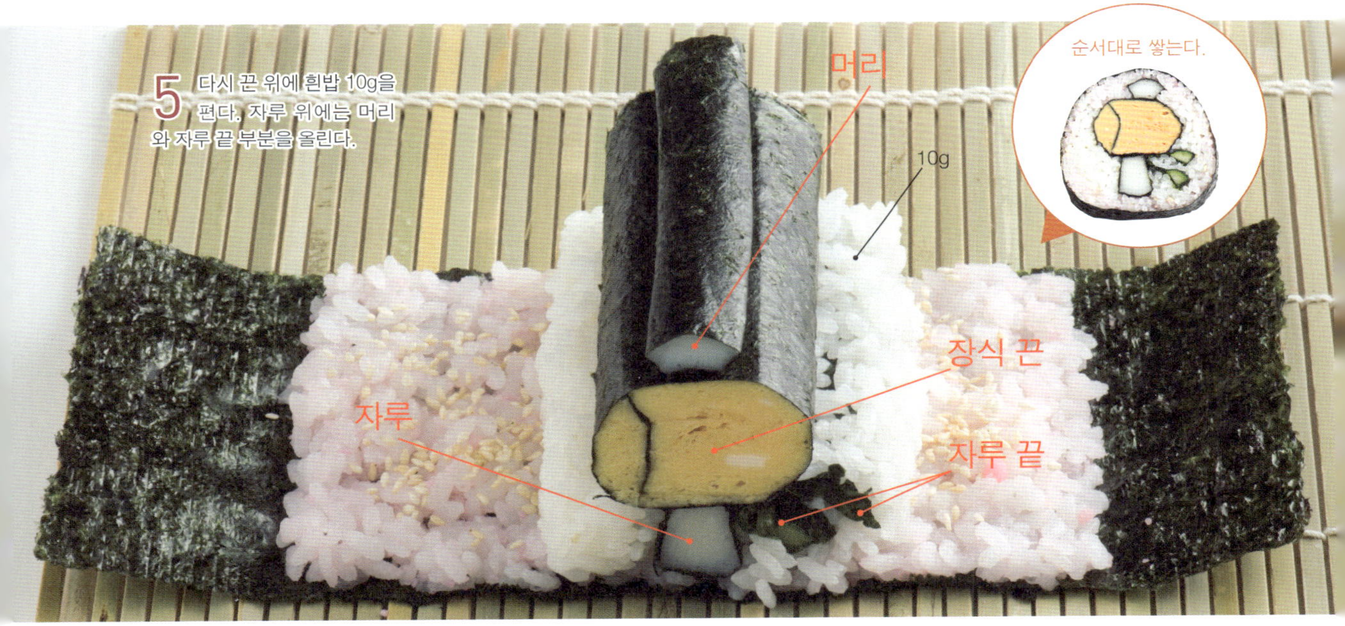

머리 · 장식 끈 · 자루 · 자루 끝

순서대로 쌓는다.

6. 대발을 손바닥에 올려놓고 둥글게 모아 쥔다. 머리 양쪽에 흰밥을 20g씩 덧붙여가며 머리 높이까지 틈을 메워준다.

분홍색 밥은 절반(각 20g)으로 나눠 좌우 균형을 살펴가며 고르게 덮는다.

7. 그 위를 분홍색 밥 40g으로 덮는다.

8. 대발을 한쪽씩 접어 김을 덮는다. 대발 끝으로 김밥을 밀어 다른 손으로 옮겨 쥐고 김밥 모양을 만든다. 김밥 양쪽 끝 부분은 평평하게 다듬는다.

소원을 이뤄주는 행운 김밥 ❸

달마

달마도는 행운의 상징이다. 명란젓을 넣은 붉은색 밥으로 몸통을 만들고, 그 위에 얼굴 부분을 쌓아 합체하면 된다. 수능 도시락으로 아주 좋다.

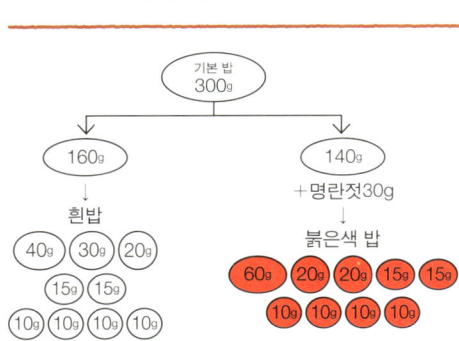

● 재료
찐 어묵(길이 10cm) … 1개
박고지 조림(길이 10cm) … 폭 4cm 분량
※미리 조림장에서 꺼내 말려둔다.
※박고지 : 여물지 않은 박의 과육을 긴 끈처럼 오려서 말린 반찬거리.

● 김

개별 부분

눈 김 가로 1/2장+흰밥 20g
김 위에 흰밥을 길쭉하게 뭉쳐 올려 두고 돌돌 만다. 대발에 끼워 양손으로 비벼서 둥글게 모양을 만들고는, 절반으로 자른다.

몸통 모양 (김 1/4장+찐 어묵)×3
칼을 이용해 찐 어묵의 표면을 유선형으로 자른다. 이렇게 자른 조각을 각각 김으로 싼다.

총 4개 중 모양이 잘 나온 조각 3개를 사용

눈×2개
눈동자, 눈썹, 뺨 ×각 8개
입×1개
몸통 모양×3개

입 김 1/2장+박고지
박고지를 4cm 폭으로 펴서 김 가운데 놓고 양쪽 김을 접어서 덮는다. 김의 이음매가 아래로 향하게 뒤집어 둔다.

눈동자, 눈썹, 뺨
남은 김을 김 펀치 혹은 가위로 잘라서 사용한다. ※마무리할 때 자른다.

＜얼굴 만들기＞

1 김 1장을 가로로 길게 놓고, 김 양 끝을 6cm씩 남기고, 흰밥 40g을 깐다. 중앙에 흰밥 10g을 볼록하게 올리고 밥의 경사에 맞춰서 입 부분을 올린다.
2 입 양쪽 끝에서부터 경사면을 두르듯이 흰밥을 15g씩 깐다.
3 흰밥 10g을 길게 뭉쳐 가운데 얹고 양쪽에 눈 부분을 붙인다.

4 막대 모양으로 뭉친 흰밥 10g 두 개를 두 눈의 바깥쪽에 붙인다.
5 그 위에 흰밥 30g을 고르게 덮는다.
6 대발을 손에 쥐고 얼굴을 둥글게 만다. 대발 끝 쪽으로 김밥을 옮기고, 양 손으로 얼굴 가운데를 눌러 변형된 타원형으로 모양을 다듬는다.

각 10g

30g

가운데가 잘록하게

〈몸통 만들기〉

몸통 모양 2개에 붉은색 밥을 10g씩 붙여서, 김이 보이는 면이 아래로 향하게 3겹으로 쌓는다. 이것을 옆으로 뉘여 놓고 양쪽 면에 길게 뭉친 붉은색 밥 20g을 붙인다.

10g / 10g / 순서대로 쌓는다.

20g / 20g

조 립

60g
7cm / 10g / 7cm

순서대로 쌓는다.

1 김 1장과 1/2장을 연결하고 중앙에 붉은색 밥 60g을 고르게 깐다. 붉은색 밥 10g을 막대 모양으로 뭉쳐 중앙에 올려놓고, 그 위에 얼굴 부분을 거꾸로 놓는다.

붉은 밥 10g으로 덮는다.
각 15g

3 대발을 모아 쥐면서 양쪽 빈 공간을 각각 붉은색 밥 15g 으로 메운다. 빈 공간이 메워지면 그 위에 다시 붉은색 밥 10g을 깔 아준다. 한쪽씩 대발을 접어 김을 덮는다.

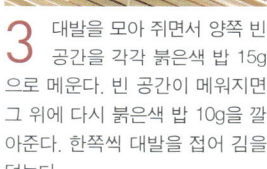

4 대발 끝으로 김밥을 옮겨 양 손으로 조이면서 달마 모양으로 다듬는다. 김밥 양쪽 끝 부분을 평평하게 정돈하고 눈썹, 뺨, 눈동 자를 붙인다.

몸통 / 얼굴

2 대발을 손바닥에 올려놓고 둥글게 모아 쥐면서 몸통을 올린다.

거꾸로 쌓는다

소원을 이뤄주는 행운 김밥 ❹

하트

하트 모양이 깔끔하게 좌우로 대칭되게 만드는 것이 포인트이다. 그러기 위해서는 밥을 펴는 기술과 대발을 다루는 세심한 손놀림이 중요하다. 밸런타인데이에 선물로 딱 좋은 김밥이다.

● 밥
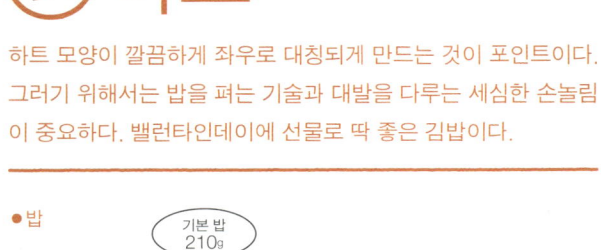

● 재료
연어 알 … 1큰술
오이(채 썬 것, 길이 10cm) … 8조각
날치 알 … 1큰술

● 김
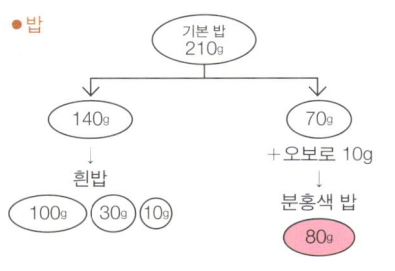

개별 부분

하트 × 1

이 부분이 하트의 윗부분이 된다.

하트 완전형의 1/3장, 폭 2cm+분홍색 밥 80g+흰밥 10g

1 김 한 장(전형)의 1/3 위에 분홍색 밥을 길쭉하게 뭉쳐서 올린다. 앞쪽을 높게 쌓아 비스듬하게 경사를 만들면서 밥을 깔아준다.

2 손으로 밥을 누르면서 앞쪽 김을 덮는다. 이때 김 끝 부분 1cm가 밥에 붙지 않도록 한다.

3 대발을 벗겨 절반으로 자른다.

4 절반으로 자른 3을 대발 위에 올려놓고 밥끼리 붙여서 하트 모양을 만든다.

5 4를 대발 사이에 끼워 모양이 무너지지 않도록 주의하면서 하트 아래 부분을 꼭 붙여준다.

6 자투리 김을 잘라낸다.
7 다시 대발에 올려놓고 하트 윗부분의 중앙 골에 칼집을 낸다.
8 폭 2cm의 김을 반으로 접어 골에 끼우고, 칼로 눌러 준다. 이렇게 하면 하트의 골을 확실하게 만들 수 있다.
9 골 위에 흰밥 10g을 얹는다.
10 대발을 양손으로 들고 하트 모양을 다듬는다. 하트 아래 부분을 여미어 확실하게 경사를 만들어준다.

조 립

1 김 1장과 1/3장을 연결하고 흰밥 100g을 그 위에 고르게 깐다. 가운데 2cm를 비워두고 연어 알과 날치 알을 고루 뿌린다. 그 위에 채 썬 오이를 1cm 간격으로 올린다.

밸런타인데이용 응용법
오이 껍질로 하트 모양을 관통하는 화살을 만들어 4등분한 김밥에 꽂아준다.

Chapter 1 꼬마 김밥을 조립해 보자

순서대로 늘어놓는다.

하트

2 대발을 가로 방향으로 돌린다. 비워놓은 공간에 옆으로 뉘어 하트 부분을 놓는다.

3 대발을 손으로 들고 모아 준다.

밥 30g

4 흰밥 30g을 하트 위에 균등하게 얹어주고 대발을 한쪽씩 접어 김을 덮는다.

끝은 뾰족하게

윗 부분은 둥글게

5 하트 모양을 반대로 해서 내려놓고, 대발을 위에서부터 덮은 후 손으로 하트 모양을 집듯이 잡는다. 김밥 양쪽 끝 부분을 평평하게 다듬는다.

> 안심 · 안전을 위한 마음가짐

식중독 예방을 위한 3원칙
세균 '만지지 않기' · '늘리지 않기' · '살균하기'

식중독은 1년 내내 발생할 수 있다. 캐릭터 김밥에는 가공하지 않은 재료나 수산물을 쓰기도 한다. 게다가 맨손으로 김밥을 마는 경우가 많기 때문에 위생관리에 항상 주의해야 한다. 미생물로 인한 식중독 예방하기 위해서는 위 3원칙을 철저히 지켜야 한다. 언젠가는 자신만의 요리교실을 열 수도 있으므로, 지금부터 위생관리의 기본을 잘 알아두자.

Point 1 손은 항상 청결하게
손 씻기는 위생관리의 기본이다. 먼저 끼고 있던 반지나 손목시계를 풀어 놓는다. 그런 다음 손가락 사이와 엄지손가락 주변 등, 오염되기 쉬운 부분은 세심하게 씻어낸다. 작업하기 전은 물론이고 박스나 재료를 만진 후에도 반드시 손을 씻는다. 더러운 수도꼭지에도 주의를 기울이자. 손을 씻을 때는 수도꼭지의 손잡이도 함께 닦아 2차 오염을 방지한다. 요리용 장갑은 오로지 요리에만 사용해야 한다. 다른 작업을 할 때는 요리용 장갑을 그대로 끼면 안 된다. 특히 생선이 들어간 김밥을 만든 다음에는 반드시 새 장갑으로 교체해야 한다.

Point 2 조리 기구의 세척과 살균
육류나 생선을 자른 조리 기구를 물로 씻어낸 다음 야채나 김밥을 썰게 되면 식중독을 일으킬 수 있다. 도마는 재료 준비용(고기 · 생선용과 야채용으로 다시 나눈다.)과 조리용으로 나눠서 준비하거나, 앞 · 뒷면을 번갈아 가면서 사용한다. 조리 기구는 식기용 수세미로 세척한 다음, 뜨거운 물이나 표백제, 알코올 스프레이 등으로 소독한다. 깨끗하게 씻었더라도 볼과 오목접시에 남은 물기에서 세균이 번식할 수 있으므로 확실히 물기를 제거한다.

부엌칼은 도마와 마찬가지로 2차 오염을 일으킬 수 있다. 따라서 사용한 후에는 깨끗하게 세척해 두어야 한다.

식기용, 재료 준비용, 조리용으로 나눠 자주 교체하고, 사용한 후에는 끓는 물이나 표백제로 소독해 둔다.

밥알이 붙은 대발은 식기용 수세미로 닦아 물기를 완전히 없앤다. 덜 마른 대발을 통풍이 안 되는 곳에 보관하면 곰팡이가 생길 수 있다.

Point 3 10~60℃를 피한다.
세균이 번식하기 쉬운 온도에 식재료나 요리를 방치해 두면 안 된다. 식재료는 얼지 않을 정도의 가능하면 낮은 온도에 보관한다. 보존실 혹은 냉장실이 없을 때는 보관용기에 보냉재와 함께 넣어둔다. 냉장고 온도는 잘 관리하고(냉장고 2~8℃ , 냉동고 -18~22℃), 냉장고 안은 물론 냉장고를 열고 닫을 때 닿은 손잡이도 항상 소독한다.

Point 4 몸이 안 좋거나 상처가 있을 때는 조리하지 않는다.
설사나 발열, 기침 등의 증상이 있을 때는 조리하면 안 된다. 손끝에 상처가 있거나(반창고도 세균의 온상지이다.) 손이 지나치게 거칠어졌을 때는 요리하지 않는 것이 좋다. 요리에 있어서 건강관리는 기본 중의 기본이다.

Point 5 소비기한을 확실히 전달한다.
요리 교실에서 만든 요리를 집으로 가져가는 수강생들이 있다. 아침에 만든 음식을 저녁에 먹거나, 냉장고에 넣어 뒀다 다음날 먹는 경우도 있다. 그럴 때는 소비기한을 확실히 일러주어야 한다. 혹시라도 식중독이 발생하면 재료를 준비한 강사에게도 일정 부분 책임이 있기 때문이다. 안전한 요리교실 운영을 위해서는 청결한 재료 준비와 위생적인 식재료 보관은 무엇보다 중요하다. 또한 강사의 위생 관련 지식도 필수적으로 요구된다.

특히 6가지 세균에 주의하자!

● 장염 비브리오균
장염을 일으키는 비브리오균은 바다에 살며, 주로 어패류에 달라붙는다. 그렇기 때문에 바닷물의 온도가 올라가는 여름에서 가을 사이에 식중독을 자주 일으킨다. 비브리오균은 해수 염도에 잘 생식하고 민물에 약하다. 그렇기 때문에 신선한 어패류일지라도 민물로 씻어서 저온에 보관하는 것이 좋다. 비브리오균은 2차 오염도 자주 일으키므로, 어패류를 만진 손이나 조리 기구는 반드시 세척이나 소독해 줘야 한다.

● 노로 바이러스
겨울에 자주 식중독을 일으키는 바이러스이다. 토사물이나 인간의 배설물에 들어 있는데, 하수를 경유해서 바닷물을 오염시키고 조개에 축적된다. 오염된 조개를 날로 먹거나 보균자의 손을 통해 오염된 식품으로 인해 감염될 수 있다. 화장실에 다녀온 후에는 손을 깨끗하게 씻고, 식재료는 충분히 가열 처리하는 것이 좋다.

● 병원성 대장균
사람이나 동물의 배설물(장관출혈성 대장균 O157은 소의 배설물)에 서식한다. 직간접적으로 오염된 식품류를 통해 식중독을 일으킨다. 육류는 확실히 익히고, 육류를 만진 손이나 조리 기구는 충분히 세척하고 소독해 건조시킴으로써 예방할 수 있다.

● 캄필로박터
날것 혹은 충분히 익히지 않은 닭고기가 주요 감염원이다. 육류를 재료로 사용할 때는 반드시 속까지 익었는지 확인한다.

● 살모넬라
육류 혹은 계란이 주요 감염원이다. 특히 날계란을 그대로 사용할 경우 위험할 수 있다. 집에서 만든 마요네즈도 식중독을 일으키는 원인이 될 수 있다.

Chapter 1
꼬마 김밥을 조립해 보자

이 장에서는 '작게 마는' 방법을 배우게 된다.
이후에 배우게 될 모든 캐릭터 김밥의 기본이 되는 기술이다.
대발을 사용하는 방법도 함께 배워 보자.

Chapter1 꼬마 김밥을 조립해 보자 ❶

소용돌이

기본 꼬마 김밥(106페이지)을 올챙이 모양으로 변형시켜 만드는 캐릭터 김밥이다. 대발 사용법을 확실히 익혀 두자.

● 밥

기본 밥 240g
↓
흰밥
80g 80g 80g

● 재료

〈참치말이〉 참치살(가로세로 8mm, 길이 19cm) … 1조각
　　　　　 고추냉이 … 적당량
〈오이말이〉 오이(길이 10cm) … 세로로 1/6~1/8개
　　　　　 ※ 씨는 수분이 배어나오므로 잘라낸다.
　　　　　 고추냉이 … 적당량
〈단무지말이〉 단무지(가로세로 8mm, 길이 19cm) … 1개

● 김

개별 부분

참치말이 ×1
단무지말이 ×1
오이말이 ×1

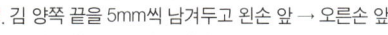

참치말이
김 1장 + 흰밥 80g + 참치살 + 고추냉이

1. 김을 가로로 놓는다. 이때 가장자리가 깔끔한 쪽을 위로 놓고, 거친 쪽을 대발 끝과 딱 맞춘다. 막대 모양으로 뭉친 흰밥을 김 가운데에 놓는다.
2. 김 양쪽 끝 5mm씩 남겨두고 왼손 앞 → 오른손 앞 → 가운데 순으로 밥을 깐다.
3. 검지에 고추냉이를 적당히 묻혀, 손끝을 약간 눕혀가며 밥 가운데에서부터 좌우로 고르게 바른다. 고르게 바른 고추냉이 위에 참치를 올린다.
4. 대발 끝을 엄지로 집어 올리는 느낌으로, 재료를 누르면서 김이 반대쪽 끝과 맞닿도록 반으로 접는다.
5. 사진처럼 접힌 부분을 엄지로 들어 올려 김끼리 맞닿은 부분을 꼭 누르면 올챙이 모양이 만들어진다.

이 부분에서 반으로 얇게 접는 것이 포인트

오이말이
김 1장 + 흰밥 80g + 오이 + 고추냉이

참치말이와 똑같은 방법으로 만든다.

단무지말이
김 1장 + 흰밥 80g + 단무지

참치말이와 똑같은 방법으로 만든다. 단 고추냉이는 넣지 않는다.

조립

1 대발을 손바닥에 올리고 대발 중앙에 오이말이를 놓는다.

2 대발을 왼쪽 위 방향으로 들춰주면서(오른손으로는 대발을 받치는 동시에 왼쪽으로 민다.) 오이말이 꼬리 부분에 단무지말이의 머리 부분을 올려놓는다.

꼬마 김밥의 꼬리 부분과 머리 부분이 겹치도록 놓는다.

오이말이 참치말이

단무지말이

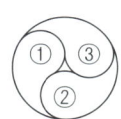

3 대발을 다시 왼쪽 위로 살짝 들춘다. 단무지말이 꼬리 부분에 참치말이 머리 부분을 올려놓는다. 대발을 가볍게 모아 쥐면서 3개가 밀착되게 한다.

4 김 2/3장을 대발 위에 가로로 길게 놓는다. 위쪽 끝에 밥풀을 몇 알 놓고, 3을 김 앞쪽 끝 부분에 맞게 올려서 돌돌 만다.

5 대발 가운데에 김밥을 놓고, 양손으로 잡은 뒤 대발을 비벼서 둥근 모양으로 다듬는다. 김밥을 대발 끝 쪽으로 옮겨 양쪽 끝을 평평하게 정돈하고 8등분한다.

Chapter1 꼬마 김밥을 조립해 보자 ❷

복숭아꽃

치즈 소시지로 꽃술을 만들고 그 주위에 작은 동그라미를 더해 복숭아꽃을 만든다. 대발을 비비는 기술을 활용해서 똑같은 크기의 꼬마김밥을 만들어 보자.

● 밥

기본 밥 220g
→ 120g → 흰밥
→ 100g + 배합 초가루(분홍색) 1작은술 → 분홍색 밥
 20g 20g 20g 20g 20g

● 재료

오이(채 썬 것, 길이 10cm) … 12조각
치즈 소시지(길이 10cm) … 1개
날치 알 … 1작은술

● 김

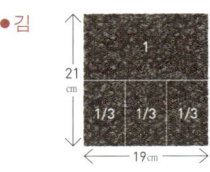
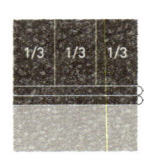

폭 1.5cm×2

개별 부분

꽃×1

꽃

(김 1/3장+분홍색 밥 20g)×5+김 폭 1.5cm×2+치즈 소시지

1. 김 1/3장의 앞쪽에 분홍색 밥을 올리고 손으로 동그랗게 말아서 총 5개의 꽃잎을 만든다.
2. 김이 약간 눅눅해지면 대발에 꽃잎 부분을 2줄씩 가지런히 놓는다. 대발을 좌우로 비벼서 모양을 둥글게 만든다.
3. 꽃 모양을 만들기 위해 대발을 손에 올려놓고 둥글게 모아 쥔 후, 꽃잎 부분 3줄을 올린다. 그 중앙에 치즈 소시지를 놓는다. 꽃잎의 균형을 맞춰가면서 나머지 2줄을 더 올린다. 대발을 모아 쥐며 모양을 둥글게 만든다.
4. 조립할 때 무너지지 않도록 꽃 부분을 고정시킨다. 도마에 폭 1.5cm의 김 2장을 놓고, 그 위에 3을 올려 김으로 감는다. 김 끝에 밥풀을 붙여 고정한다.

1

2

3

4

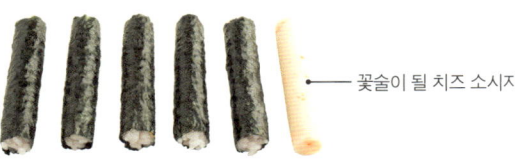

꽃술이 될 치즈 소시지

조 립

1 김 1장과 1/3장을 연결한다. 흰밥 120g을 셋으로 나누고 길쭉하게 뭉쳐 김 위에 올린다.

2 앞쪽에 있는 밥부터 차례로 펼치고 김의 반대쪽 끝은 5cm 정도 남겨둔다.

복숭아꽃

3 밥에 날치 알을 뿌린 다음 그 위에 오이를 얹는다. 몸 쪽에서 3cm 정도 남겨두고 꽃 부분을 놓는다.

순서대로 늘어놓는다.

4 꽃 부분을 손으로 누르는동시에 대발 앞쪽을 들춰주며 말아간다. 위쪽 밥 끝까지 말았으면, 대발을 몸 쪽으로 잡아당겨 김밥을 한 번 꾹 눌러준다. 마지막으로 대발 끝을 위로 들어올려(사진) 김밥을 앞으로 굴린다.

5 대발을 양손으로 둥글게 모아 쥔다. 김밥을 대발 끝에 맞춰 양쪽 끝 부분을 평평하게 정돈한다. 4등분한 다음 모양을 다듬는다.

'누드 복숭아꽃 김밥'에 응용

1 랩으로 덮은 대발(66페이지 참조) 위에 김을 올려놓고, 그 위에 밥을 고르게 깐다.

2 김 아래로 손을 넣어 김을 뒤집는다. 날치 알을 섞은 마요네즈를 김에 바르고, 그 위에 꽃 부분을 올려놓은 뒤 돌돌 만다.

3 바깥쪽에도 날치 알을 골고루 묻혀 랩을 씌운 채로 4등분한다.

Chapter 1 꼬마 김밥을 조립해 보자

바람개비

Chapter1 꼬마 김밥을 조립해 보자 ❸

바람에 빙글빙글 돌아가는 바람개비를 형상화한 김밥이다. 재료를 가로로 나란히 늘어놓고, 김을 비스듬한 산 모양으로 말아서 날개 끝을 모아주기만 하면 된다.

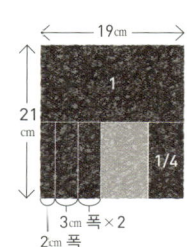

● 밥

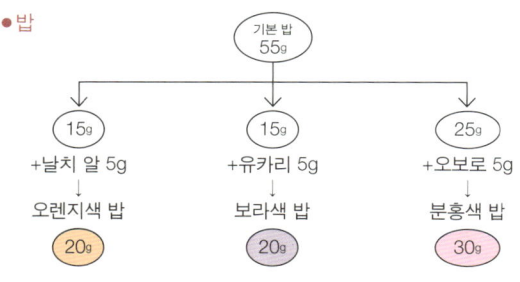

● 재료
오이(길이 10cm) … 세로 1/6개
계란말이(3×1×10cm) … 1개

● 김

19cm, 21cm
1, 1/4
3cm 폭×2
2cm 폭

※ 유카리 : 붉은 차조기로 만든 가루로, 자색고구마 가루를 대신 사용해도 된다.

개별 부분

날개
김 1장, 1/4장, 폭 2cm, 폭 3cm×2+오렌지색 밥 20g+보라색 밥 20g+분홍색 밥 30g+오이+계란말이

날개×6

동그란 오이를 골라 정확히 6등분하면 심을 예쁘게 만들 수 있다.

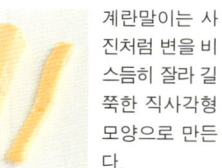

계란말이는 사진처럼 변을 비스듬히 잘라 길쭉한 직사각형 모양으로 만든다.

1
김 1장과 1/4장을 연결한다.

2
김 중앙에 오이를 놓고, 오이 껍질 쪽에 길쭉하게 뭉친 오렌지색 밥을 밀착되게 올린다.

3
오렌지색 밥에 2cm 폭의 김을 댄다.

4
김 위에 계란말이를 올려놓고 그 옆에 3cm 폭의 김을 댄다.

5 도마 위에서 보라색 밥을 폭 1cm, 높이 3cm의 직사각형 모양으로 뭉친다.

6 4 옆에 보라색 밥을 대고, 그 옆에 다시 3cm 폭의 김을 댄다.

순서대로 늘어놓는다.

7 도마 위에서 분홍색 밥을 삼각형 모양으로 뭉쳐 6의 김 옆에 댄다.

김

8 대발을 손바닥에 올려놓고 한쪽씩 김으로 덮는다. 자투리 김은 잘라낸다.

9 대발을 양손으로 잡고 비스듬한 산 모양을 만들어 간다. 양쪽 끝 부분을 평평하게 다듬은 다음 6등분한다.

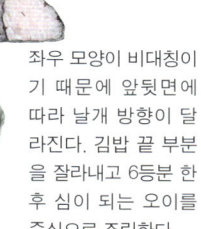

오이의 중심을 잘 모은다.

좌우 모양이 비대칭이기 때문에 앞뒷면에 따라 날개 방향이 달라진다. 김밥 끝 부분을 잘라내고 6등분 한 후 심이 되는 오이를 중심으로 조립한다.

조 립

변형 바람개비

오이와 오렌지색 밥만 있으면 되는 간단한 바람개비

김 1장을 가로로 놓고, 가운데에 오이 1/6조각 2개를 길게 연결해 놓는다. 껍질 면에 오렌지색 밥 60g을 1.5cm 높이가 되도록 얹어 놓고 만다. 대발을 이용해 비스듬한 산 모양의 날개를 만든 후, 오이를 중심으로 조립한다.

○△□로 오리지널 캐릭터 김밥에 도전해 보자!

꼬마 김밥 응용편

한 번 말아놓은 말이는 대발을 사용해서 여러 가지 모양으로 변형시킬 수 있다. 동그라미, 세모, 네모, 반원 등 좋아하는 모양을 만든 다음, 새로운 무늬를 개발해 보면 어떨까? 그림을 그리기나 퍼즐을 맞추는 느낌으로 아이들과 함께 물고기 김밥을 만들어 보자.

물고기
5색의 말이를 조합해서 다채로운 물고기 모양을 만든다.

색과 모양이 다른 말이로 물고기 모양을 만들었다. 그 주변은 아이스 플랜트 등 새싹채소를 사용해 해초처럼 장식하고, 접시는 캔버스처럼 사용했다. 이렇게 옆으로 나란히 놓을 때는 김밥의 높이를 일정하게 맞추는 것이 중요하다. 그러므로 말이를 자를 때 일정한 크기로 자를 수 있도록 주의하자. 먼저 반으로 자른 다음, 그 말이들을 나란히 놓고 다시 자르는 것이 방법이다(107페이지 참조).

얼굴
김 펀치로 눈과 입을 만든다.

흰밥으로 만든 말이들로 얼굴을 만든다. 미리 잘라놓은 말이 위에 눈과 입을 붙이면, 저절로 탄성이 나올 정도로 귀여운 얼굴 모양을 만들 수 있다. 세모를 두 개 연결해서 나비넥타이를 붙여주면 센스 만점. 이렇게 만든 얼굴에 몸통을 붙여 인형이나 로봇 김밥을 만들 수도 있다.

네모

세모

동그라미

타원

반원

말이 만들기의 노하우
(106페이지 참조)

1 재료를 누르면서 만다.

2 대발 끝에 밥을 맞춘다.

3 앞쪽으로 살짝 끌어당긴다.

4 대발을 반대쪽으로 당긴다.

5 위에서 꾹 누른다.

Chapter 2
간단한 부분부터 말아 보자

'부분을 먼저 만들고 조립해서 전체 모양을 만들어내는 것' 이 캐릭터 김밥이다.
안쪽 무늬는 밥을 꽉 차게 넣어 조금 단단하게 말고,
바깥쪽 밥은 조금 덜 넣어 여유 있게 마는 것이 포인트이다.

Chapter2 간단한 부분부터 말아 보자 ❶
장미

"두 겹으로 감았을 뿐인데 이렇게 예쁜 무늬를 만들 수 있다니!" 장미 김밥을 처음 본 사람들이 으레 하는 말이다. 초심자들이 캐릭터 김밥의 매력에 흠뻑 빠지도록 만드는 것도 바로 이 장미 김밥이다. 초대받은 자리에 식상한 꽃 대신 이 김밥을 선물로 가져가 보는 건 어떨까.

●밥
기본 밥 190g
→ 120g → 흰밥
→ 70g +오보로 10g → 분홍색 밥 40g 40g

●재료
볶은 참깨 … 1과 1/2작은술
두꺼운 계란지단(가로세로 21cm, 만드는 방법은 103페이지 참조) … 1장
명란젓 … 1/2덩어리
무청절임(길이 10cm) … 5개
붉은 생강(채 썬 것) … 10g

●김
1 : 21cm
1/3 : 19cm

개별 부분

장미꽃
계란지단+분홍색 밥 40g×2+명란젓+붉은 생강

1. 계란지단을 반으로 자른다. 분홍색 밥 40g을 한 주먹씩 뭉쳐 같은 크기로 나눈다. 반으로 자른 계란지단 위에 이것을 8~9개 정도 지그재그하게 동일한 간격으로 놓는다. 다른 1장에도 똑같이 올려놓는다.
2. 밥 사이에 명란젓을 넣고 그 위에 붉은 생강을 뿌린다.

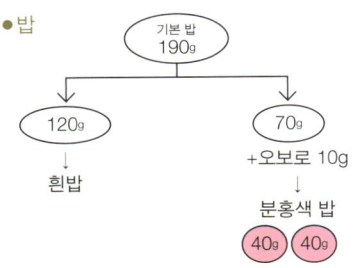
장미꽃

1

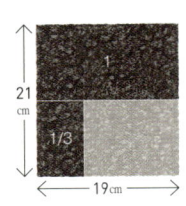

2

3

3. 속재료들 사이에 틈이 생기지 않도록 계란지단을 눌러 가면서 만다.

4

4. 나머지 계란지단에 앞쪽을 3cm 정도 남겨두고 3을 올려놓는다. 밥뭉치가 약간 뭉개지도록 위에서 힘으로 누르면서 단단히 만다.
5. 랩으로 싸서 계란지단과 밥이 밀착될 수 있도록 고정시켜 둔다.

조립

1. 김 1장과 1/3장을 연결한다. 김 위쪽 끝을 4cm 남겨두고 흰밥 120g을 골고루 깐 뒤 그 위에 참깨를 뿌린다. 식초를 탄 물(5:5 비율)에 적신 나무젓가락을 이용해서 3cm 간격으로 5군데에 골을 낸다. 그 골에 무청절임을 얹는다.

장미꽃

순서대로 늘어놓는다.

2 장미꽃 지단말이 끝 부분이 아래로 향하게 해서 밥 가운데에 놓는다.

3 손끝으로 살짝 누르는 동시에 대발을 들춰가면서 김밥을 말기 시작한다. 대발을 몸 쪽으로 당기면서 김밥을 꾹 눌러주고, 대발 끝을 살짝 위로 들춰주면서 둥글게 만든다.

4 대발로 김밥을 싸서 양손으로 쥐고 모양을 다듬는다. 김밥 양쪽 끝 부분을 평평하게 정돈하고 4등분한다.

변형 계란지단 장미김밥

안쪽 부분을 김으로, 바깥쪽은 계란으로 말아주면 한층 더 화사한 장미김밥을 만들 수 있다.

* 만드는 방법은 동일하다.

1 김 위에 분홍색 밥을 얼기설기 놓는다. 분홍색 밥 사이에 명란젓과 붉은 생강을 놓는다. 한쪽 김을 말고, 나머지 김 위에 올려 다시 만다.
2 계란지단 위에 밥을 깐다. 참깨를 뿌리고 골을 만들어 무청절임을 얹는다. 그 위에 1을 올린 다음 말아준다. 랩으로 싸서 내용물이 흐트러지지 않게 하고, 랩을 씌운 상태에서 4등분한다.

Chapter 2 간단한 부분부터 말아 보자 ❷

크리스마스 트리

좌우 대칭을 이룬 큰 부분을 안에 넣고 마는 연습이다. 이 트리 모양의 김밥을 크리스마스 파티에 내 놓으면 분위기가 어떨지 상상이 되는가? 연어 알과 날치 알로 반짝이는 장식까지 달아주면 만점이다.

● 밥

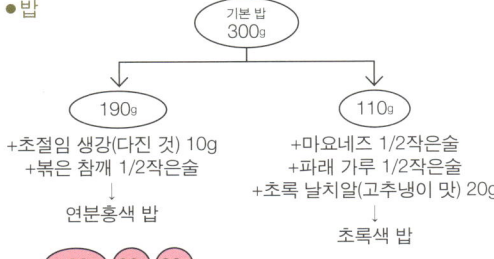

● 재료

박고지 조림(길이 10cm) … 폭 2cm × 3~4매
※ 미리 조림장에서 꺼내 펴 둔다.
붉은 생강(채 썬 것) … 적당량
우엉 뿌리 된장절임(길이 10cm) … 3뿌리
※ 물기를 제거해 둔다.
연어 알, 게맛살, 다진 단무지, 날치 알 … 적당량

● 김

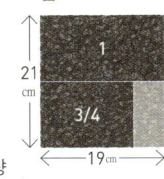 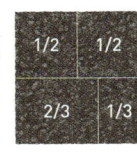

※ 초록 날치알(고추냉이 맛) : 쑥 가루 등을 사용하거나, 파래 가루를 더 넣어도 좋다.

개별 부분

나뭇잎(상단) 김 1/2장+초록색 밥 30g+우엉 뿌리

김 중앙에 초록색 밥을 2.5cm 폭으로 편다. 우엉 뿌리를 중앙에 얹어놓고 세모 모양으로 만든다. 대발을 양손에 쥐고 한 번 더 세모 모양으로 다듬는다.

나뭇잎(중단) 김 2/3장+초록색 밥 40g+우엉 뿌리+붉은 생강

초록색 밥 절반을 4.5cm 폭으로 펴놓고, 우엉 뿌리와 붉은 생강을 얹는다. 위에 나머지 밥을 올리고, 대발을 덮어 김으로 싼 후 사다리꼴 모양으로 만든다.

나뭇잎(하단) 김 3/4장+초록색 밥 60g+우엉 뿌리+붉은 생강

초록색 밥을 5.5cm 폭으로 펴놓고, 우엉 뿌리와 붉은 생강을 얹는다. 그 위를 나머지 밥으로 덮어 사다리꼴 모양으로 뭉친 후, 대발을 한쪽씩 접어 김을 덮는다.

나무줄기

김 1/3장+박고지

김 중앙에 박고지를 2cm 폭으로 펴놓고, 1cm 높이가 되도록 몇 장을 더 쌓는다. 김으로 감싼 이음새가 아래쪽으로 향하게 해서 둔다. 우엉 뿌리와 붉은 생강은 장식 역할을 할 뿐 아니라 맛을 내는 포인트이기도 하다.

잎을 쌓아 트리 만들기

1. 연분홍색 밥 10g을 막대 모양으로 뭉쳐 나뭇잎 하단의 양쪽 경사면에 덧댄다.
2. 나뭇잎 중단을 올려놓고 경사면에 색깔과 똑같이 연분홍색 밥 10g을 덧댄다.
3. 나뭇잎 상단을 올린다.

1 연분홍색 밥 30g을 가로세로 2cm, 길이 10cm인 직사각형의 기둥 모양으로 2개 뭉친다. 그 2개의 기둥 사이에 나무기둥 부분을 끼운다.

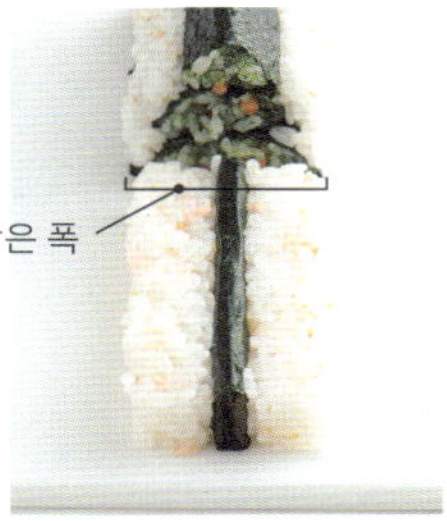

잎 하단과 같은 폭

2 김 1장과 1/2장을 세로로 놓고 연결한다. 김 양쪽 끝은 6cm씩 남겨두고 연분홍색 밥 100g을 고르게 깔아준다. 대발째 가로 방향으로 돌린다. 만들어 둔 트리를 집어 꼭대기가 거꾸로 오게 놓고, 대발을 손바닥 위에 올려 둥글게 감싸 쥔다. 트리 하단과 연분홍색 밥이 같은 높이가 되도록 하고, 트리의 중심에 1을 올린다.

조립

바닥과 같은 높이가 되도록 한다.
6cm
6cm
100g
트리

거꾸로 쌓는다.

3 위에 올린 연분홍색 밥을 누르면서 위아래로 밥이 밀착되게 한다. 대발을 한쪽씩 접어 김을 덮는다.

4 김 이음매가 아래로 향하게 내려놓고 대발을 눌러 모양을 다듬어 간다. 김밥 양쪽 끝 부분을 평평하게 정돈한다. 마지막으로 다시 대발을 손에 쥐고 모양을 잡아 준다.

꼬치를 젓가락처럼 사용하면 편리하다.

5 4등분으로 잘라 연어 알과 날치 알, 게맛살로 장식한다.

Chapter2 간단한 부분부터 말아 보자 ❸

귤

날치 알을 넣은 밥으로 오돌토돌한 귤껍질을 만든다. 잎을 붙여주면 모양이 좌우 비대칭이 되어 만들기가 다소 어려워지지만, 한층 생동감 넘치는 모양이 완성된다.

● 밥

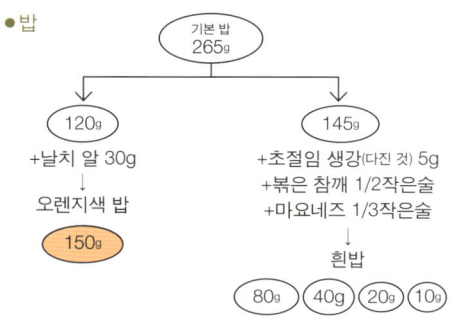

● 재료
유부조림 … 1/2매(96페이지 참조)
※ 미리 조림장에서 꺼내둔다.
오이(길이 10cm) … 1개

● 김

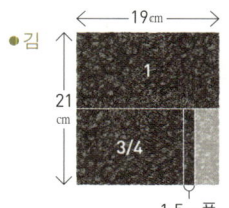

개별 부분

잎
김 1/3장, 폭 1.5cm+오이

오이는 그림처럼 바깥쪽을 잘라내서 활꼴로 2개를 만든다. 그 중 하나를 김 1/3장 위에 껍질이 아래로 향하도록 해서 올리고, 자른 면에는 폭 1.5cm의 김을 붙인다. 다른 오이는 그 위에 맞춰서 올려놓는다. 마지막으로 김 1/3장으로 오이 전체를 싼다. 김 끝에 밥풀을 붙여 고정한다.

귤
김 3/4장+오렌지색 밥 150g

김 중앙에 둥글고 길쭉하게 뭉친 오렌지색 밥을 놓고 만다. 밥이 들어있는 상태에서 대발을 양손에 쥐고 타원형으로 만든다.

꼭지
김 4cm 폭+유부조림

유부를 폭 3cm, 길이 10cm로 잘라서 편다. 펼친 유부를 1cm 폭이 되도록 3장으로 자른다. 김 위에 유부 3장을 겹쳐 쌓은 후 김으로 전체를 싼다. 이음매가 아래로 향하게 둔다.

조립

1 김 1장과 1/3장을 세로로 길게 연결한다. 흰밥 80g을 셋으로 나눠 김 위에 올린 다음, 양쪽 끝을 5cm씩 남겨두고 고르게 깐다. 대발을 가로 방향으로 돌리고 귤 부분을 밥 중앙에 놓는다.

밥보다 약간 높게 놓는다.

2 도마 위에서 흰밥 20g을 2cm 폭으로 길쭉하게 뭉친 후, 귤 부분의 왼쪽에 얹는다. 중앙에 꼭지를 놓고 밥 쪽으로 기울게 한다.

3 중앙에서 3mm 정도 간격을 두고 반대쪽에 흰밥 10g을 2cm 폭으로 얹는다.

잎과 꼭지가 밀착되도록 3mm 정도 간격을 둔다.

4 잎을 꼭지 밑동과 밥 사이에 끼운다.

꼭지 * 약간 기울여서
잎 * 밑동에 밀착
귤
20g
10g
순서대로 쌓는다.

5 한 손에 대발을 올려놓고 둥글게 모아 쥔다. 귤 위를 흰밥 40g으로 조금씩 빈틈을 메우면서 고르게 덮는다. 대발을 한쪽씩 접어 김을 덮는다. 대발 끝으로 밥을 밀어 김밥 끝을 평평하게 정돈한다.

6 김 이음매를 아래로 향하게 내려놓고 김밥을 자른다(거꾸로 놓아서 귤 모양이 뭉개지지 않게 한다.). 김밥을 2등분한 후, 다시 반으로 잘라 총 4등분한다. 좌우가 비대칭하기 때문에 김밥의 앞뒷면의 모양이 다르다. 깔끔하게 마무리하려면 김밥 양쪽 끝을 잘라내고 4등분하면 된다.

Chapter2 간단한 부분부터 말아 보자 ❹

눈사람

눈사람 김밥은 크기가 다른 원을 2단으로 쌓아서 만든다. 2개의 원이 맞닿는 면이 눌리지 않도록 하는 것이 포인트이다.

● 밥

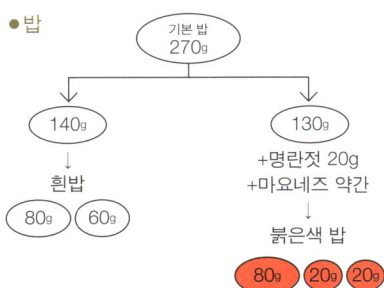

● 재료
계란말이(2×1×10cm) ··· 1개

● 김

개별 부분

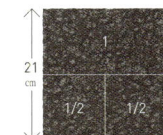

모자
김 1/3장+계란말이
계란말이를 사다리꼴 모양으로 자른다(윗변 1cm×아랫변 2cm). 김으로 싸서 이음매가 아래로 향하게 둔다.

몸통
김 2/3장+흰밥 80g
김 중앙에 막대 모양으로 뭉친 흰밥을 올려놓는다. 김이 약간 눅눅해지면 대발을 손에 들고 양 손으로 비비면서 둥글게 모양을 만든다.
(70페이지 참조)

머리
김 1/2장+흰밥 60g

눈, 입
※ 마무리할 때 자른다.
자투리 김 조각을 김 펀치나 가위로 잘라서 만든다.

눈사람 만들기
붉은색 밥 10g×2
도마 위에서 붉은색 밥을 산 모양으로 길쭉하게 뭉친다. 뭉친 밥을 머리와 몸통 양쪽 모두에 밀착되게 붙여준다. 양쪽에서 가볍게 밀어 머리와 몸통을 확실히 하나로 만든다.

조립

1 김 1장과 1/2장을 연결한다. 김 양쪽 끝을 5cm씩 남겨두고 붉은색 밥 80g을 고르게 깐 후, 대발을 가로 방향으로 돌린다.

2 위·아래 방향에 주의하면서 밥 중앙에 눈사람 부분을 놓는다.

3 대발을 손바닥에 올려놓고 둥글게 모아 쥔다. 붉은색 밥이 눈사람 높이까지 오게 모아 쥔 후, 머리 위에 모자를 비스듬히 얹는다.

모자
눈사람
위아래에 주의한다.

4 모자 양쪽 빈틈을 붉은색 밥으로 메운다.

5 붉은색 밥 20g으로 모자 위를 고르게 덮는다. 대발을 한쪽씩 접어 김으로 감싼다.

순서대로 쌓는다.

6 눈사람 모양이 흐트러지지 않게 대발을 거꾸로 쥐고, 김밥 양쪽 끝 부분을 눌러 평평하게 정돈한다. 김밥을 옆으로 눕혀놓고 자르면 모양이 흐트러지지 않는다. 눈과 입은 마지막에 붙인다.

오보로를 접시에 뿌려 눈이 내리는 모습을 연출해 보자!

우엉 뿌리 된장절임 슬라이스 조각
오이 남은 조각

Chapter2 간단한 부분부터 말아 보자 ❺
자동차

좌우가 비대칭인 모양을 만들어보자. 윤곽을 예쁘게 하려면, 밥을 쌓거나 대발로 김밥을 말 때 주의해야 한다. 자칫하면 자동차가 아닌 UFO가 될 수도 있다.

● 밥

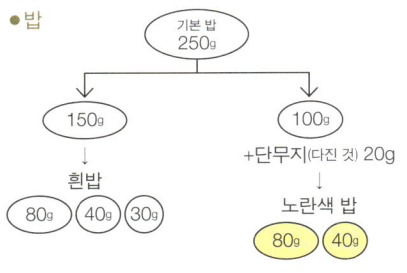

● 재료

계란말이(2×1×10cm) ··· 1개

● 김

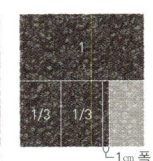

개별 부분

차체 ×1
창 ×1
헤드램프 ×4
바퀴 ×2

헤드라이트
우엉 뿌리
슬라이스로 자른다(4장).

바퀴
(김 1/2장+어육 소시지)×2
소시지를 세로로 반 자르고 김으로 싼다.

창
김 1/2장, 폭 1cm+오이
길게 반으로 자른 오이를 다시 똑같이 반으로 잘라, 그 사이에 폭 1cm의 김을 끼우고 김 1/2장으로 싼다.

차체 만들기
1. 김 1장을 가로로 놓는다. 노란색 밥 80g을 김 오른쪽에 6cm 넓이로 깐다. 밥 오른쪽 끝에서 1cm 떨어진 곳에 평평한 면을 아래로 향하게 창 부분을 놓는다.
2. 창 부분의 곡선을 따라 노란색 밥 40g을 고르게 덮는다.
3. 대발 왼쪽을 들쳐 차체 윤곽을 따라 김을 싼다.
4. 대발을 양손에 들고 모아 쥐면서 차 모양을 만들어 간다.

윤곽을 확실하게 만들어 준다.

조 립

1 김 1장과 1/2장을 연결한다. 김 양쪽을 5cm씩 남겨두고 흰밥 80g을 김 위에 고르게 깐 후 대발을 가로로 돌린다. 으깬 참치뱃살에 다진 파를 섞어 밥에 바르고, 그 위에 참깨를 뿌린다.

2 차 보닛 위에 흰밥 30g을 얹는다.

3 차체를 중앙에 거꾸로 놓고 그 위에 바퀴를 올린다.

거꾸로 쌓는다.

4 대발을 손바닥에 올려놓고 모아 쥔다. 흰밥 40g으로 바퀴 위와 사이를 메운다. 나머지 밥으로 그 위를 고르게 덮어준다.

5 대발을 한쪽씩 접어 김을 덮는다.

6 덮은 면이 아래로 향하게 내려놓고, 위에서 대발을 씌워 아치 모양으로 만들어간다. 김밥 양쪽 끝 부분을 평평하게 정돈한다.

7 4등분한다. 자른 면이 위로 가게 놓고 모양을 다듬는다. 헤드라이트를 붙인다.

Chapter2 간단한 부분부터 말아 보자 ❻

코스모스

코스모스 김밥을 만들기 위해서는 꽃잎을 8장 만들어야 한다. 게다가 밥을 이용해서 꽃잎의 색상에도 변화를 주어야 한다. 지금까지 만들어본 어떤 꽃보다 어려운 모양을 만들어 보자.

● 밥

기본 밥 310g

- 140g
  - +무절임(다진 것) 20g
  - +볶은 참깨 1/2작은술
  - 흰밥
  - 80g / 40g / 20g / 20g
- 110g
  - +오보로 10g
  - 분홍색 밥
  - 15g / 15g / 15g / 15g
  - 15g / 15g / 15g
- 60g
  - +명란젓 20g
  - 붉은색 밥
  - 10g / 10g / 10g / 10g
  - 10g / 10g / 10g / 10g

● 재료
계란말이(가로세로 1cm, 길이 10cm) ⋯ 1개
오이(길이 10cm) ⋯ 1개

● 김
19cm × 21cm: 1 / 1/3 ×3 / 1/3 ×4
1/2 / 1.5cm 폭 ×2 / 1/3 ×4

개별 부분

꽃잎 × 8

꽃술 × 1

잎 × 2

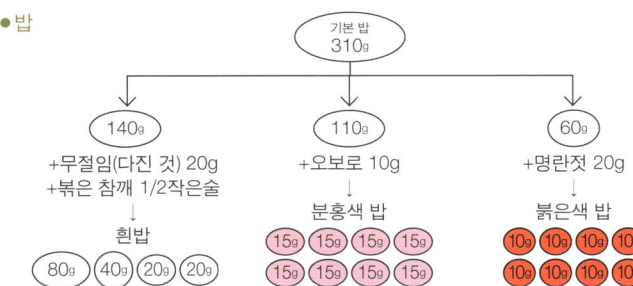

×8
김으로 붙이지 않는다. 2mm 정도 틈을 벌려 둔다.

꽃잎
(김 1/3장+분홍색 밥 15g+붉은색 밥 10g)×8

1. 김 중앙에 분홍색 밥 15g을 막대 모양으로 뭉쳐서 놓는다.
2. 붉은색 밥 10g을 그 위에 올린다.
3. 대발을 손바닥 위에 올려놓고 손끝으로 밥을 눌러 평평하게 만든다.
4. 역삼각형 모양으로 다듬는다(밑쪽은 열려 있는 상태로 만든다.).

1

2

3

4

꽃술
김 1/3장+계란말이
계란말이를 돌려가며 모서리를 잘라낸다. 이후 김으로 싸고, 이음매가 아래로 향하게 둔다.

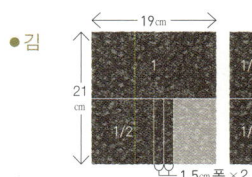 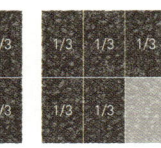

잎 (김 1/3장, 1.5cm 폭+오이)×2
오이는 그림처럼 바깥쪽을 활꼴로 잘라낸다. 잘라낸 조각 2개 사이에 1.5cm 폭의 김을 끼우고 김 1/3장으로 싼다. 이렇게 2개를 만든다.

3~5mm

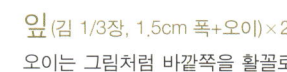

꽃으로 조립하기

1. 손바닥에 올려놓은 대발 중앙에 꽃잎 하나를 위로 향하게 놓는다. 나머지 4개도 좌우 대칭으로 놓는다.
2. 중심에 꽃술 부분을 얹고, 그 위에 꽃잎 4개를 좌우 대칭으로 놓는다. 균형이 맞는지 옆에서 보면서 확인한다.
3. 랩으로 싸서 고정시킨다.

조립

거꾸로 쌓는다.

1 김 1장과 1/2장을 세로로 길게 연결한다. 김의 양쪽 끝을 5cm씩 남겨두고, 흰밥 80g을 고르게 깔아준 다음 대발을 가로로 돌린다. 랩을 벗긴 꽃 부분을 중앙에 놓는다.

2 대발을 손바닥에 올려놓고 위를 눌러주면서 둥글게 모아 쥔다. 흰밥과 꽃 부분이 같은 높이가 되도록 둥글게 모은 후, 좌우 빈틈을 흰밥 20g으로 메운다. 맨 위에 잎 부분을 놓는다.

3 그 위에 흰밥 20g을 고르게 메워주고 대발을 한쪽씩 접어 김을 덮는다. 김 이음매가 아래로 향하게 놓은 뒤 대발째 쥐고 모양을 다듬는다. 김밥 양쪽 끝부분을 평평하게 정돈한 다음 4등분하면 완성.

Chapter2 간단한 부분부터 말아 보자 ❼

포도

알알이 여문 포도송이를 김밥으로 재현해 보자. 복잡해 보이지만, 기본 부분은 복숭아꽃 김밥을 응용해서, 덩굴과 꼭지는 다른 김밥을 응용해서 만들면 되므로 의외로 쉽다.

● 밥

```
        기본 밥
         250g
        /    \
    130g      120g
                +배합초 가루(분홍색) 1작은술
    흰밥        보라색 밥
   /   \      20g 20g 20g
  80g  20g    20g 20g 20g
 /  \
15g 15g
```

● 재료

연어 알 … 20g
계란지단(21×10cm, 약간 두껍게,
만드는 방법은 103페이지 참조) … 1매
박고지 조림(길이 10cm) … 폭 1cm×2매
※ 미리 조림장에서 꺼내 펴 둔다.
데친 시금치(길이 10cm) … 5~6개
※ 꼭 짜서 물기를 제거해 둔다.

● 김

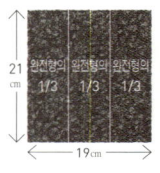  

21cm / 19cm / 폭 4cm

개별 부분

덩굴×1
꼭지×1
포도송이×1

덩굴
시금치
잎을 펴고 그 위에 줄기를 쌓아 3.5cm 폭으로 만든다.

꼭지
김 폭 4cm+박고지 조림
김 위에 박고지 조림을 2장 쌓고 만다. 김 이음매를 아래로 향하게 한다.

포도송이
(김 1/2장+분홍색 밥 20g)×6

1. 김 위에 막대 모양으로 뭉친 분홍색 밥을 올려놓고 돌돌 만다. 총 6개를 만든다.
2. 김이 약간 눅눅해지면 간격을 두고 6개를 나란히 놓는다. 그 위에 대발을 접어 앞뒤로 데굴데굴 굴린다.
3. 절반으로 자른다(그 중 11개만 사용한다).
4. 송이를 만든다. 빈 대발을 손바닥에 올려놓고 둥글게 모아 쥔다. 가운데에 3. 하나를 놓는다. 그 위에 2개, 그 위에 다시 3개를 놓아 2단으로 쌓고, 마지막으로 2개를 얹는다.
5. 대발을 다른 손으로 바꿔 쥐고, 모양이 망가지지 않도록 하면서 포도알을 밀착시킨다.
6. 랩으로 싸서 고정시킨다.

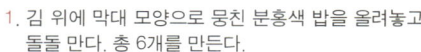

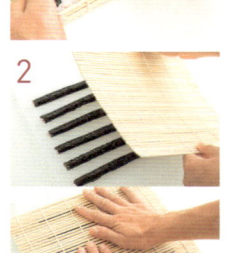

1

2

3

4 5 6

조 립

1 계란지단 위에 흰밥 80g을 4개로 나눠 막대 모양으로 각각 뭉친 후, 나란히 올린다. 계란지단 양쪽 끝을 3cm씩 남겨두고 밥을 고르게 깐다. 이때 손끝으로 계란지단을 찢지 않도록 주의한다.

2 대발을 가로로 돌린다. 대발 중앙에 덩굴을 올리고 양쪽 옆에 연어 알을 뿌린다.

3 도마 위에서 흰밥 15g을 막대 모양으로 뭉친다. 2개를 만들어 하나는 덩굴 왼쪽 위에 얹고, 그 옆에 꼭지 부분을 놓는다. 덩굴 오른쪽에 나머지 밥을 얹어 밥 사이에 꼭지가 수직으로 서게 한다.

꼭지

거꾸로 쌓는다.

15g   15g

덩굴

20g

4 대발을 손바닥 위에 올려 둥글게 모아 쥐고, 포도송이를 하늘을 향하게 해서 꼭지 위에 놓는다. 흰밥 70g을 포도송이 위를 고르게 덮는다.

5 대발을 한쪽씩 접고 계란지단 끝에 밥풀을 붙여 고정시킨다. 대발 끝 쪽으로 김밥을 밀어 김밥 끝을 평평하게 정돈한다.

6 랩으로 싼 다음 4등분한다. 자른 면을 위로 향하게 두고 살짝 눌러주면서 모양을 다듬는다.

Chapter2 간단한 부분부터 말아 보자 ❽
작은 인형

인형을 좋아하는 여자아이들에게 특히 인기 있는 캐릭터 김밥이다. 다채로운 모양이지만 알고 보면 매우 간단한 구조이다. 왕과 왕비는 밥 색깔과 재료 일부만 다를 뿐 만드는 방법은 거의 같다.

왕
- 밥
  - 기본 밥 225g
    - 175g +날치 알 15g → 오렌지색 밥 (50g, 50g, 30g, 30g, 30g)
    - 50g +마요네즈 1/4작은술 +파래 가루 1/2작은술 → 초록색 밥 (50g)

※ 먼저 마요네즈를 밥에 넣고 섞은 뒤 파래 가루를 넣으면 뭉치지 않고 잘 섞인다.

- 재료
  - 계란말이 (3×1×10cm) … 1개
  - 오이껍질 … 길이 2cm
  - 치즈 소시지 (길이 10cm) … 1개
  - 무청절임 줄기 (길이 10cm) … 2개

왕비
- 밥
  - 기본 밥 220g
    - 175g +날치 알 15g → 오렌지색 밥 (50g, 50g, 30g, 30g, 30g)
    - 45g +오보로 5g → 분홍색 밥 (50g)

- 재료
  - 계란말이 (3×1×10cm) … 1개
  - 오이 … 길이 2cm
  - 치즈 소시지 (길이 10cm) … 1개
  - 우엉 뿌리 된장절임 (길이 10cm) … 1개

공통
- 김
  - 1 (21cm × 19cm, 3폭)
  - 1/2, 1/3
  - 1/2

개별 부분

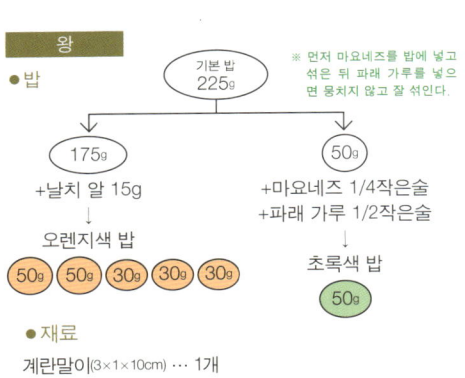

- 상투 × 1
- 관 × 1
- 머리(공통) 각 × 1
- 옥좌(공통) 각 × 1
- 몸통 × 1
- 몸통 × 1
- 장식 × 4
- 장식 × 4

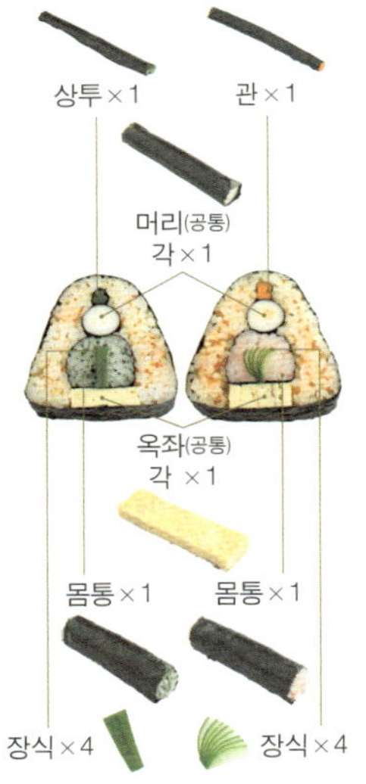

머리 [공통]
김 1/3 + 치즈 소시지
치즈 소시지를 김으로 싼다.

옥좌 [공통]
계란말이
몸통 폭에 맞춰 자른다.

머리 장식
왕: 상투
김 폭 3cm + 무청절임 줄기
줄기 2개를 나란히 놓고 김으로 싼다.

왕비: 관
김 폭 3cm + 우엉 뿌리
우엉 뿌리를 길고 네모나게 잘라 김으로 싼다.

몸통 [왕]
김 1/2장 + 초록색 밥 50g
치즈 소시지를 김으로 싼다.

왕비
김 1/2장 + 분홍색 밥 50g

초록색 밥(왕비는 분홍색 밥)을 막대 모양으로 뭉친 다음 김 중앙에 올려놓고 만다. 대발을 양손으로 쥐고 터널 모양으로 만든다.

몸통 장식

왕: 부채
오이 껍질
오이껍질을 사진처럼 잘라 그중에서 가운데 것을 사용한다.

왕비: 펼친 부채
오이
끝 부분만 빼고 잘게 칼집을 낸다. 오이 끝을 누르면서 칼집 간격을 벌린다.

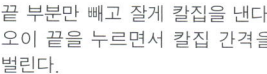

조립

※ 만드는 방법은 동일하다
(이하 사진은 왕 기준)

1 김 1장과 1/2장을 연결한다. 김 중앙에 옥좌와 몸통을 놓는다.

2 몸통 양쪽에 50g씩 오렌지색 밥을 붙인 다음 중앙에 머리를 올린다. 머리의 절반 높이까지 밥이 오게 조절하고, 틈이 생기지 않도록 한다.

3 오렌지색 밥 30g을 김의 폭에 맞춰 막대 모양으로 뭉친다. 머리 위에 상투를 올리고, 뭉쳐 놓은 오렌지색 밥으로 상투 양쪽을 고정한다.

4 머리 위에 오렌지색 밥 30g을 올리고 밥끼리 서로 맞닿게 정리한다.

머리 / 상투 / 몸통 / 옥좌

순서대로 쌓는다.
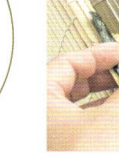

5 대발을 내려둔 채로 대발을 한쪽씩 접어 김을 덮는다.

6 대발을 위에서 씌워 모양을 만들어 간다. 김밥 양쪽 끝 부분을 평평하게 정돈한 다음 4등분해 몸통에 장식을 붙인다.

> 초밥 이모저모 ①

계란지단 초밥

계란지단 초밥은 오사카 지방의 요리를 대표하는 것 중 하나이다. 초밥에 여러 가지 재료를 섞은 후 계란지단으로 겉을 싸서 만든다. 막 만들었을 때보다는 계란과 초밥, 다른 재료들이 어우러질 때까지 기다렸다가 먹는 것이 좋다.

● 재료(4개 분량)
기본 밥 … 160g
계란지단(21×21cm) … 4매
※ 만드는 방법은 103페이지 참조
〈속재료〉
볶은 참깨 … 1큰술
표고버섯 조림(다진 것) … 20g
김 가루 … 조금
구운 붕장어 … 1/3마리(20g)
데친 파드득나물 … 4개
〈토핑〉
연어 알, 이탈리안 파슬리, 생선가루, 오이 등 각 적당량

1 밥이 따뜻할 때 잘게 썬 붕장어와 표고버섯 조림을 넣고 골고루 섞는다. 완성된 밥은 4등분으로 나눠 둥글게 뭉쳐둔다.

2 계란지단은 가장자리를 잘라 19×19cm 크기의 정사각형 모양으로 만든다.

3 계란지단을 두 번 접은 다음 한쪽 각을 잘라 내고 펼치면 팔각형 모양이 된다.

4 계란지단을 펴 중앙에 1을 하나 올린다. 사방을 균등하게 들어 올려 밥을 싸준다.

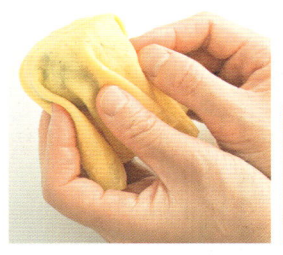

5 지단으로 싼 밥을 거꾸로 쥐고, 겹치게 주름을 잡아가면서 입구를 막는다. 파드득나물로 계란지단을 묶고, 가운데에 토핑을 얹을 수 있도록 주름진 부분을 바깥쪽으로 젖힌다.

응용
동그란 계란지단은 어때?
원형으로 자른 계란지단으로 밥을 싸면 아래 사진과 같은 모양으로 주름이 접혀, 더욱 화사한 느낌의 지단밥을 만들 수 있다.

입구를 박고지로 묶고, 주름을 예쁘게 접는다. 가운데는 게살어묵으로 장식한다.

6 랩으로 싸서 모양이 고정되게 놔둔다. 모양이 잡히면 랩을 벗기고 가운데에 토핑을 얹는다(연어 알, 이탈리안 파슬리, 생선가루, 부채꼴로 자른 오이 등).

산과 계곡을 만들어 보자

Chapter 3

캐릭터 김밥 만들기의 필수 기법인 '밥으로 산 만들기'를 배워 보자.
이 기법을 익혀두면 만들 수 있는 모양이 한층 늘어난다.

Chapter3 산과 계곡을 만들어 보자 ❶

체리

복잡하고 역동적인 모양을 만들기 위해서는 산과 계곡을 만드는 기법을 알아야 한다. 산 하나를 만드는 연습부터 시작해 보는 것이 좋을 것이다. 먼저 소시지를 열매로 꾸미는 체리 김밥을 만들어 보자.

●밥

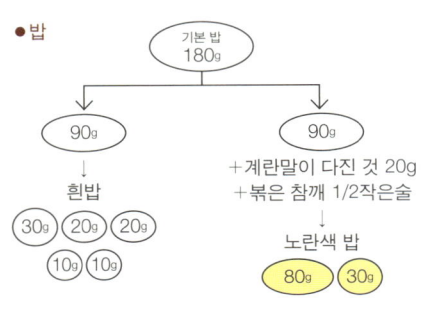

● 재료
계란말이(3×1×10cm) ··· 1개
오이 ··· 길이 2cm
어육 소시지(길이 10cm) ··· 1개
우엉 뿌리 된장절임(길이 10cm) ··· 1개

●김

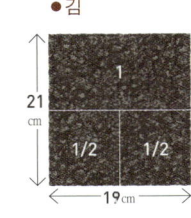

열매와 꼭지
(김 1/2장+어육 소시지)×2
김 중앙에 소시지를 올려놓고 김을 반으로 접는다. 양손으로 쥐고 손가락으로 눌러 김과 소시지를 밀착시킨다. 김에 밥풀을 붙여 고정한다. 이렇게 2개를 만든다.

잎
오이+무청절임
오이는 점선처럼 바깥쪽을 활꼴로 자른다.
무청은 잎을 펴서 폭이 4cm가 되게 한다.

조 립

1. 김 1장과 1/3장을 연결한다. 김 양쪽 끝을 4cm씩 남겨두고 노란색 밥 80g을 김 위에 고르게 깐다. 대발을 가로로 돌려 가운데에 산 1개를 놓는다.

산 만드는 방법

흰밥 30g을 가볍게 뭉친 후 도마 위에 10cm 폭으로 펴서, 아래 그림과 같이 산 모양으로 만든다. 펼친 밥을 도마 위에 90°로 세운 다음, 양쪽을 손가락으로 눌러 3cm 높이의 산을 만든다.

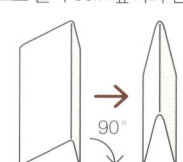
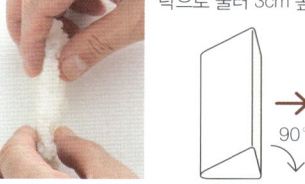

2. 산 양쪽에 열매와 꼭지를 붙인다. 열매를 꾹 눌러서 확실하게 고정시킨다.

※ 여기서 밥을 얼마나 올리느냐, 얼마나 힘을 주느냐에 따라 꼭지 모양이 달라진다.

3. 대발을 손에 들고 둥글게 모아 준다. 산 정상과 꼭지 끝이 만나게 꼭지를 눌러 꼭 붙이고, 양쪽 꼭지 위에 흰밥을 20g씩 얹는다.

각 20g

4. 오이를 밥 위에 좌우 대칭으로 놓고 그 위에 무청을 덮는다.

잎 / 꼭지 / 열매

순서대로 쌓는다.

각 10g / 30g

5. 잎 양쪽을 흰밥 10g으로 메우고, 노란색 밥 30g으로 그 위를 고르게 덮는다. 대발을 한쪽씩 접어 김을 덮는다. 이때 김 이음매가 아래로 향하게 놓는다. 그 위에 대발을 씌워 모양을 네모나게 만들어 간다. 김밥 양쪽 끝 부분을 평평하게 다듬고 4등분한다.

Chapter3 산과 계곡을 만들어 보자 ❷
민들레

산 2개를 만들면 계곡이 생긴다. 계곡을 이용해서 줄기에서 피어나는 민들레꽃을 만들어 보았다. 꽃은 단무지로, 톱날 모양의 잎은 시금치로, 땅은 다진 닭고기 조림으로 표현할 수 있다.

● 밥

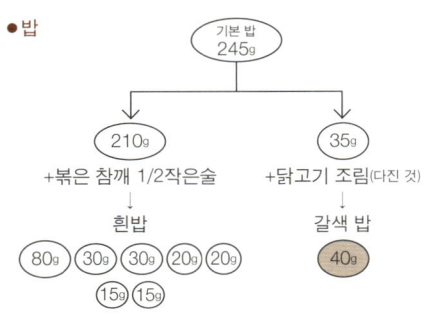

● 재료
단무지(10cm 길이로 채 썬 것) … 20g
데친 시금치(길이 10cm) … 10g × 4
※ 데친 시금치는 물기를 제거해 둔다.

● 김
19cm × 21cm : 1장
1/2 : 1장
2cm 폭 2매

개별 부분

꽃 × 1
잎 × 4

꽃
단무지
길게 채 썬 단무지를 모아 둔다.

잎
시금치 × 4
시금치의 잎과 줄기를 포개 10g씩 2cm 폭으로 펴 둔다.

조립

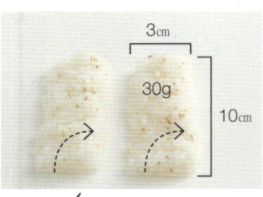

1 흰밥을 30g씩 가볍게 뭉쳐서 산을 2개 만든다(손가락과 손끝을 이용해서 각을 확실히 세운다). 김 1장과 1/2장을 연결한 후, 김 양쪽 끝을 5cm씩 남겨두고 그 위에 흰밥 80g을 고르게 깐다. 1.5cm 간격을 두고 산을 2개 놓는다.

도마 위에서 90°로 세우고 양쪽에서 눌러 산 모양을 다듬은 후 밥 위에 놓는다.

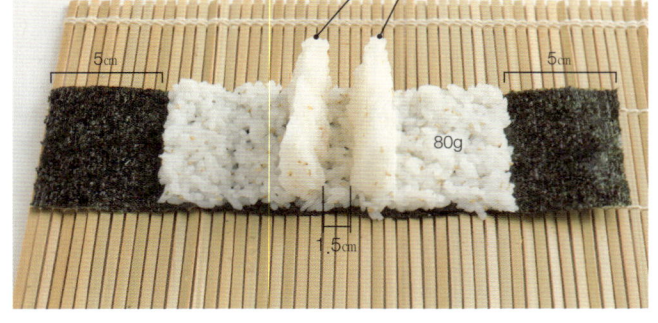

2 산 사이의 계곡에 단무지 꽃다발을 끼워 넣는다. 단무지 양쪽의 계곡면에 폭 2cm의 김을 끼워 넣는다. 이 김이 나중에 줄기와 꽃자루가 된다.

3 양쪽에서 눌러 산을 맞붙인다.

4 붙여놓은 산의 양쪽에 잎을 한 장씩 얹는다. 이때 산 바깥쪽 경사에 맞춰 잎을 얹은 후 꼭 눌러 줘야 한다.

5 흰밥을 두 개로 나눠 각 15g씩 도마 위에서 넓게 편 다음, 잎 양쪽 위에 얹는다.

6 양쪽 밥 위에 다시 잎을 올린다.

거꾸로 쌓는다.

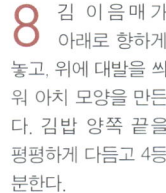

7 대발을 손바닥 위에 올려놓고 모아 쥔다. 잎 양쪽을 각각 흰밥 20g으로 메우고, 그 위에 갈색 밥 40g을 고르게 덮는다. 대발을 한쪽씩 접어 김을 만다.

8 김 이음매가 아래로 향하게 놓고, 위에 대발을 씌워 아치 모양을 만든다. 김밥 양쪽 끝을 평평하게 다듬고 4등분한다.

Chapter3 산과 계곡을 만들어 보자 ❸

달팽이

산 3개에 도전해 보자. 모양이 다소 복잡하긴 하지만, 말기 전에 전체 구조를 파악해 두면 된다. 미리 산을 만들어두고, 밥 위에 차례차례 얹어 가면 어렵지 않다.

● 밥

기본 밥 230g
→ 60g → +오보로 10g → 분홍색 밥 70g → 70g
→ 170g → +표고버섯 조림(다진 것) 30g → 갈색 밥 70g → 100g 25g 25g 25g 25g

● 재료
계란말이(3×1×10cm) ··· 1개
박고지 조림(길이 10cm) ··· 폭 12cm 분량 ※ 미리 조림장을 닦아 펴 둔다.
우엉 뿌리 된장절임(길이 10cm) ··· 2개

● 김

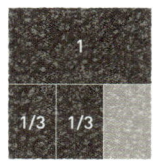

21cm × 19cm
1 / 1/2 / 1/2
1 / 1/3 / 1/3

개별 부분

등껍질×1
더듬이×2
몸통×1

등껍질
김1장+분홍색 밥 70g+박고지

1. 둘로 나눈 분홍색 밥을 막대 모양으로 뭉쳐 김 위에 올린다. 위쪽을 2cm 정도 남겨두고 밥을 고르게 편다.
2. 밥 위에 박고지를 12cm 폭으로 펼친다.
3. 앞에서부터 손으로 단단하게 만다.
4. 김밥을 대발 중앙에 놓고, 양손으로 비비면서 모양을 둥글게 만든다.

더듬이

우엉 뿌리
우엉 뿌리 된장절임 2개를 10cm 길이로 잘라 둔다.

몸통

김 1/2장+계란말이
김 중앙에 계란말이를 놓고 덮어 싼다. 김 이음매가 아래로 향하게 놓는다.

조립

1. 김 1장과 1/2장을 연결한다. 갈색 밥 100g을 셋으로 나누고, 길쭉하게 뭉쳐 김 위에 올린다. 김 위쪽 끝을 5cm 남겨두고 밥을 고르게 깐다.

2. 도마 위에서 갈색 밥 25g을 산 모양으로 뭉쳐둔다. 총 3개를 만든다.

3. 김 중앙에서부터 앞쪽으로 산 3개를 1cm씩 띄어서 차례로 놓는다.

4. 산 사이 즉, 계곡 부분에 김 1/3장을 반으로 접어 두 군데에 각각 끼운다. 그 사이를 나무젓가락으로 누른 후 우엉 뿌리를 넣는다.

더듬이 / 몸통 / 등껍질 / 거꾸로 놓는다.

5. 대발을 가로로 돌린다. 사진처럼 등껍질 부분 중 김을 덮은 면을 위로 향하게 해서 산 오른쪽에 붙이고, 그 위에 몸통을 얹는다. 왼손잡이라면 대발을 180° 회전시켜 산이 오른쪽으로 오게 놓는 것이 편하다.

6. 대발을 손바닥 위에 올려놓고 둥글게 모아 준다. 산 3개의 정상을 모아 등껍질 부분에 딱 붙인다. 갈색 밥 25g으로 그 위를 고르게 덮어주고, 한쪽씩 대발을 접어 김을 덮는다.

7. 김 이음매가 아래로 향하게 놓고, 위에서 대발을 씌워 아치 모양을 만든다. 이후 김밥 양쪽 끝 부분을 평평하게 다듬는다. 좌우가 비대칭하기 때문에 앞면과 뒷면의 모양이 서로 반대가 된다. 방향을 맞추려면 김밥 양쪽 끝을 1cm 정도 잘라내고 4등분하면 된다.

Chapter3 산과 계곡을 만들어 보자 ❹

매 화

계절감을 느낄 수 있는 매화 김밥은 기본 구조가 앞장의 '달팽이 김밥'과 같다. 산과 계곡을 만드는 기법으로 꽃봉오리가 맺힌 꼭지까지 표현할 수 있다. 꽃은 '복숭아꽃(20페이지 참조)'을 응용한다.

● 밥

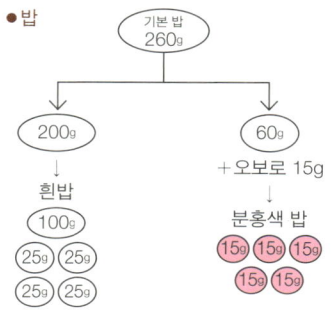

● 재료

계란말이(3×1×10cm) ··· 1개
박고지 조림(길이 10cm) ··· 폭 12cm 분량 ※ 미리 조림장을 닦아 펴 둔다.
우엉 뿌리 된장절임(길이 10cm) ··· 2개

● 김

개별 부분

꽃×1
봉오리×3
꽃가지×1

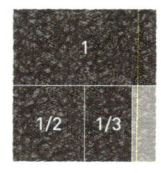 

꽃 김 1장, 2/3장, 1×15cm×2+분홍색 밥 15g×5+우엉 뿌리

1 김 1장과 김 2/3장을 연결하고, 분홍색 밥 15g을 김 가장자리에 산 모양으로 올린다. 이를 김으로 싸서 막대처럼 만든 후, 자투리 김을 잘라낸다. 총 5개를 만든다.
2 만들어 놓은 꽃잎을 대발 위에 2개씩 나란히 놓고, 양손으로 비비면서 둥글게 모양을 만든다.

3 꽃 모양으로 조립한다. 대발을 손바닥에 올려놓고 둥글게 모아 쥔 후, 꽃잎 3개를 놓고 그 중심에 우엉 뿌리를 얹는다. 대발을 더 동그랗게 모아 쥐면서 나머지 2개를 그 위에 올린다. 마지막으로 대발을 다른 손으로 바꿔 쥐고 둥근 모양으로 만든다.

4 조립할 때 모양이 망가지지 않도록 꽃을 고정한다. 도마 위에 김 1×15cm 2장을 놓고, 3을 그 위에 올린 후 만다. 김 끝에 밥풀을 붙여 고정한다.

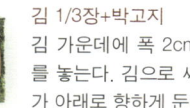

꽃가지
김 1/3장+박고지
김 가운데에 폭 2cm의 박고지를 놓는다. 김으로 싸서 이음매가 아래로 향하게 둔다.

봉오리
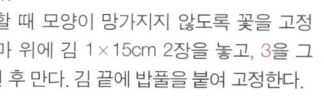
김 1/3장×2+오보로+파드득나물
조립할 때, 산, 계곡을 만들면서 위의 재료를 끼워 넣는다.

조립

1. 김 1장과 1/2장을 연결한다. 김 위쪽 끝을 5cm 정도 남겨두고, 김 위에 흰밥 100g을 고르게 깐다. 흰밥 25g으로 만든 산 3개(45페이지 '산 만드는 법' 참조)를 김 중앙에 1cm 간격으로 놓는다. 밥 전체에 으깬 매실장아찌를 발라주고, 그 위에 잘게 썬 차조기 잎과 참깨를 흩뿌린다. 그 위에 참깨를 뿌린다.

거꾸로 놓는다.

2. 산 사이 즉, 계곡 부분에 김 1/3장을 반으로 접어 각각 끼운다. 나무젓가락으로 눌러 골을 만들고 오보로를 반씩 넣고 다시 나무젓가락으로 가볍게 누른다(이렇게 오보로를 뭉쳐주면 모양이 더욱 선명해진다.). 그 위에 파드득나물 줄기를 3~4개 정도씩 얹는다.

꽃가지 → 봉오리 봉오리 꽃

3. 대발을 가로로 돌린다. 꽃을 산 오른쪽에 붙이고 꽃가지는 왼쪽 산의 경사면에 올린다. 왼손잡이일 경우는 대발을 180° 회전시켜 산이 오른쪽으로 오게 두면 된다.

4. 대발을 손바닥에 올려 둥글게 모아 쥐고, 3개의 산 정상을 서로 맞닿게 모은다. 꽃가지 끝이 꽃에 닿으면, 꽃과 밥 사이 생긴 틈을 흰밥 25g으로 메워가면서 고르게 덮는다.

5. 대발을 한쪽씩 접어 김을 덮는다. 덮은 면이 아래로 향하게 두고, 위에서부터 대발을 씌워 아치 모양을 만든다. 김밥 양쪽 끝부분을 평평하게 다듬고 4등분으로 자른다. 좌우가 비대칭하기 때문에 앞면과 뒷면의 모양이 서로 반대가 된다. 방향을 맞추려면 김밥 끝을 1cm 정도 잘라내고 4등분하면 된다.

Chapter3 산과 계곡을 만들어 보자 ❺

게

산과 계곡을 만드는 기법을 살려 게의 눈과 집게를 만들어 보자. 다리 여섯개는 유부를 쌓아 만든다. 눈동자를 붙이면 익살스러운 느낌이 난다.

● 밥

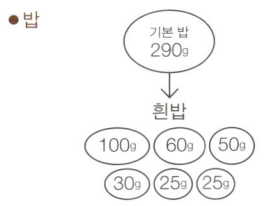

기본 밥 290g → 흰밥
100g 60g 50g
30g 25g 25g

● 재료
계란말이(2.5×3×10cm) … 1개
유부조림 … 1매(96페이지 참조)
※미리 조림장을 닦아내고 펴 둔다.
어육 소시지(얇은 것, 길이 10cm) … 2개
볶은 참깨 … 1작은술
오이(길이 10cm) … 1개

● 김

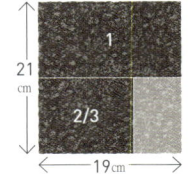 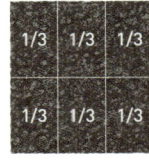 

| 1 | 1/3 | 1/3 | 1/3 | 6cm 폭 | 6cm 폭 |
| 2/3 | 1/3 | 1/3 | 1/3 | 2/3 | |

21cm ↕   ← 19cm →

개별 부분

오이를 길게 4등분한 다음 그림처럼 씨 부분을 잘라낸다.

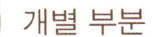

집게×2

눈×2

눈동자×8
입×4
몸통×1
다리×6

몸통

김 2/3장+계란말이
계란말이를 모서리를 잘라낸 후 김으로 감싼다.

몸체
몸통+다리
몸통을 사이에 두고 다리를 붙인다.

눈
김 6cm 폭×2+어육 소시지
조립할 때 산 사이에 위의 재료를 끼워 넣어서 만든다.

눈동자, 입
* 마무리할 때 자른다.
남은 김 조각을 김 펀치나 가위로 잘라서 만든다(각 8매).

다리
김 1/3장×6+흰밥 60g+유부

1 유부를 반으로 잘라낸 다음 양쪽 끝을 각각 정리한 후 넓게 편다(6×10cm).

2 유부를 2×10cm로 자른다(총 6매). 김을 가로로 놓고 가운데에 유부를 올린 후 유부를 김으로 싼다. 이음매가 아래로 향하게 둔다.

3 흰밥 60g을 도마 위에서 10×12cm로 네모나게 깐다. 그 위에 랩을 씌우고 6등분한다.

4 2의 한쪽 면에 3에서 나눈 흰밥 10g을 고르게 얹는다. 밥 면이 아래로 가게 해서 3단으로 쌓는다. 나머지 3장도 똑같이 한다.

1

2

3

4

쌓아서 다리 3개 완성!

조 립

1 김 1장과 2/3장을 연결한다. 김 양쪽 끝을 5cm씩 남겨두고 흰밥 100g을 고르게 깐다. 그 위에 참깨를 뿌린다.

2 대발을 가로로 돌린다. 도마 위에서 3cm 높이의 흰밥으로 산을 3개 만든다 (45페이지 참조). 깔아놓은 밥 중앙에 30g의 산을, 그 양옆으로는 1cm씩 간격을 두고 25g의 산을 올린다.

3 산 사이, 즉 계곡에 6cm 폭의 김을 반으로 접어 각각 끼워 넣는다.

Chapter 3 산과 계곡을 만들어 보자

거꾸로 놓는다.

집게 눈 눈 집게

4 김 사이에 소시지를 끼워 눈을 만든다. 바깥쪽 산 옆에 집게 부분을 놓는다.
※ 껍질 부분이 안쪽을 향하게 한다.

5 대발을 손바닥에 올리고 위에서 누르면서 재료를 둥글게 모아 쥔다. 산 정상과 오이가 같은 높이가 될 때까지 모은 후, 그 위에 몸체 부분을 올린다. 양옆 틈을 흰밥 50g으로 메우고 몸체 위를 고르게 덮는다. 대발을 한쪽씩 접어 김을 덮는다. 마지막으로 이음매가 아래로 향하게 놓고 위에서부터 대발을 씌워 아치 모양을 만든다. 김밥 양쪽 끝을 4등분하여 평평하게 다듬고 자른다. 단면에 눈동자와 입을 붙인다. 김 펀치를 이용해서 여러 가지 표정을 만들 수도 있다!

김 펀치를 이용해서 재미있는 표정을 만들어 보자!

> 김밥을 예쁘게 말고 싶다면?

가르쳐 주세요! 가와스미 선생님!

"아무리 해도 안 돼요!" 캐릭터 김밥 만들기를 처음 시도해 보는 사람들이 부딪치기 쉬운 문제들의 해결책을 가와스미 선생님에게 물었다.

SOS 1 / 손에 밥풀이 잔뜩 묻어요!

캐릭터 김밥을 만들 때 모든 초심자들이 한번쯤은 경험해보는 문제이다. 특히 체온이 높은 사람일수록 손에 밥이 달라붙기 쉽다. 손에 밥이 달라붙으면 그만큼 김에 펼 수 있는 밥의 양이 줄어든다. 또 손에 붙은 밥풀을 떼는 사이에 김이 눅눅해지는 악순환에 빠진다.

이럴 때는 엠보싱 가공된 장갑을 끼는 것이 가장 좋은 방법이다. 하지만 맨손으로 김을 말아야 할 때는 마법의 '수초(106페이지)'를 이용하면 된다. 이 수초를 손끝에 묻혀 손가락과 손가락 사이, 손바닥에 문질러 바르고는 엄지를 제외한 네 손가락을 밀착시킨 상태에서 밥을 펴 보자. 이렇게 하면 손가락에 밥풀이 달라붙지 않는다. 아주 안 붙는 것은 아니지만, 그때는 꼭 짜놓은 젖은 행주로 닦아내면 된다.

손가락이 벌어지면 그 사이로 밥풀이 달라붙으니 주의하자.

SOS 2 / 밥이 고르게 펴지지 않아요. 어떻게 하죠?

아무리 맛있는 밥이라도 김 위에 펼 때 손끝으로 잡아 끌거나 짓누르듯이 펼치면, 다 말았을 때 예쁘게 잘리지 않고 식감도 나빠진다. 밥을 고르게 펴기 위해서는 많은 연습이 최고지만, 우선은 이론대로 실천해 보는 것이 좋다. 밥을 한꺼번에 올려놓고 누르지 말고 조금씩, 그리고 순서대로 펴 보자(106페이지, 108페이지 참조).

고르게 펴지지 않았을 때는 두껍게 깔린 밥을 손끝으로 가볍게 집어서 얇게 깔린 곳으로 옮긴다. 이때 밥을 억지로 집어 들면, 밥알이 뭉개질 수 있으므로 주의한다.

이렇게 손가락에 잔뜩 힘을 주면 안 된다!

SOS 3 / 너무 욕심을 부렸나? 김밥이 터져버렸어요.

밥과 재료를 너무 많이 넣지 않도록 주의한다. 사진처럼 김 위에 밥을 너무 두껍게 깔면, 밥 가운데가 우뚝 솟아 재료가 붕 뜨게 된다. 또한 밥을 김의 양 끝까지 꽉 차게 펴는 것도 김밥이 터지는 원인이 된다.

이를 방지하기 위해서는 첫째, 밥과 재료의 적정량을 지켜야 한다. 이때 밥 앞쪽과 위쪽 끝을 약간 높게 쌓으면 재료가 튀어나가는 걸 막을 수 있다. 또한 밥은 김의 위쪽 끝까지 펴지 않아야 한다. 캐릭터 김밥을 만들 때는 대발을 돌돌 마는 것이 아니라, 대발 끝(=김 가장자리)을 깔아 놓은 밥 끝에 맞춰 반으로 접는 것이 원칙이다. 밥을 김 전체에 까는 경우는 김을 안쪽으로 말아 감는 'e자 말기' 밖에 없다. 김은 시간이 지나면 쭈그러든다. 그렇기 때문에 속을 너무 꽉 채우면, 다 만들어 놓은 김밥이 터지거나 풀리게 된다. 또 재료에서 수분이 새어 나와 김이 찢어질 수도 있다. 따라서 물기 있는 재료는 반드시 꼭 짜서 물기를 제거한 후에 쓰도록 한다.

SOS 4 / 잘라 봤더니 두께가 제각각이에요.

김밥을 잘랐는데 조각끼리 높이가 일정하지 않고, 재료도 가운데가 아니라 옆으로 쏠려 있는 경우가 있다. 이 경우 대부분의 원인은 밥을 잘못 편 데에 있다. 밥을 고르게 펴지 않으면 깔린 밥에 높낮이가 생긴다. 그러면 결국 사진처럼 망가진 모양의 김밥이 나오게 된다. 밥을 펴는 방법도 영향을 미친다. 양 끝쪽을 약간 높게 펴고 재료는 밥 가운데 똑바로 놓는 것이 노하우이다. 다 말았을 때는 김밥 양쪽 끝 부분을 가볍게 눌러주는 것이 좋다. 김밥 끝 부분을 평평하게 정돈하기 위한 것인데, 이렇게 하면 재료의 위치를 바로 잡을 수 있다.

Chapter 4

캐릭터 윤곽을 따라 김을 말아 보자

지금부터 소개할 캐릭터 김밥은 아이들 도시락에 안성맞춤이다.
이번 장에서는 김으로 '예쁜 윤곽이 나타나게 하는' 방법을 습득할 수 있도록,
개별 부분 바깥쪽에는 밥을 말지 않는다.

Chapter4 캐릭터 윤곽을 따라 김을 말아 보자 ❶
꾀꼬리

지금까지 배운 개별 부분 만들기와 대발로 마는 기술을 활용해서, 김으로 윤곽을 싸는 연습이다. 사랑스러운 눈망울이 매력적인 꾀꼬리를 만들어 보자.

● 밥

기본 밥 80g
↓
+파래 가루 1/2작은술
+초록 날치 알(고추냉이 맛) 10g

초록색 밥 90g

● 재료
찐 어묵(길이 10cm) … 1개
오이(길이 10cm) … 세로 1/2개
어육 소시지(길이 10cm) … 세로 1/2개

● 김

개별 부분

부리 × 1

눈 × 4

꼬리 × 1

배 × 1

눈
※ 완성 단계에서 자른다.
남은 김으로 김 전용 펀치나 가위를 이용해 지름 5mm 크기로 둥글게 자른다.

배 김 1/3장+찐 어묵
1 그림의 점선처럼 찐 어묵의 2/3 위치에 칼집을 넣고, 반대쪽을 향해 퍼 올리듯 초승달 모양으로 오려낸다. 방향을 바꿔 찐 어묵의 나머지 1/3 부분도 같은 모양으로 오려낸다.
2 단면의 곡선을 따라 김을 얹어놓고 자투리는 잘라낸다.

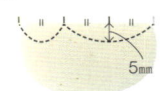

꼬리
김 1/3장+오이
오이는 그림의 점선처럼 자른 후 김으로 싼다.

부리
김 폭 2.5cm+어육 소시지
세로로 반으로 자른 어육 소시지를 다시 세로로 4등분한다(하나만 사용). 김으로 말고, 이음매가 아래쪽을 향하게 둔다.

1

앞쪽(부리 쪽) 뒤쪽(꼬리 쪽)
옆에서 보면 물결 모양이 된다.

2
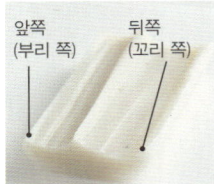

조립

1 김 1장과 1/2장을 연결한 다음 그 중앙에 배 부분을 올린다. 자신의 왼쪽편에 앞쪽이 오게 한다.

2 배 부분 위에 초록색 밥을 올리고 앞쪽을 좀 더 높게 쌓는다.

3 대발을 손바닥에 올려놓고 살짝 쥔 다음, 초록색 밥의 오른쪽 가장자리에 맞춰 꼬리 부분을 올린다.

4 부리 부분을 올린다.

부리 — 머리가 될 부분보다 조금 낮게 한다.
배
꼬리

순서대로 쌓는다.

5 부리 쪽부터 윤곽에 맞춰 김을 두른다.

6 반대쪽 대발을 덮고 김을 만다. 남은 김은 잘라 낸다.

7 대발을 양손으로 번갈아 가며 쥐면서 윤곽을 만들어 간다. 김밥 양쪽 끝 부분을 평평하게 다듬은 뒤 4등분한다.

8 꼬치를 사용해서 윤곽을 다듬고 눈을 붙인다.

Chapter4 캐릭터 윤곽을 따라 김을 말아 보자 ❷
병아리

바깥쪽에 밥을 두르지 않아 양이 적기 때문에, 아이들 도시락용으로 안성맞춤인 김밥이다. 노란색 밥은 병아리 색이 연상되는 두껍게 구운 계란 지단을 넣었다. 단무지와 참깨도 들어가 있어서 식감도 만점이다.

● 밥
기본 밥 135g
+두꺼운 계란 지단 (다진 것) 20g
+단무지 15g
+볶은 참깨 1/2작은술
노란색 밥
50g 50g 30g 20g 20g

● 재료
어육 소시지(길이 10cm) … 세로 1/2개

● 김
19cm × 21cm
1
1/3 1/4
2.5cm 폭

조립

1 김 1장과 1/4장을 연결한다. 중앙에 노란색 밥 50g을 6cm 폭으로 펴서 바른다. 밥의 왼편에 노란색 밥 30g을 삼각 모양으로 놓는다. 그 오른편에 비스듬하게 날개를 눕혀서 놓는다.

개별 부분

부리×1
눈×4
날개×1

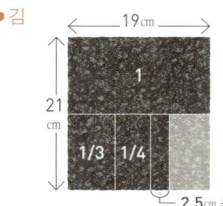

부리
김 폭 2.5cm + 어육 소시지
소시지를 세로로 4등분한 다음 김으로 싼다. 김이 너무 빳빳해서 말기 어려우면 조금 눅눅하게 만든 뒤에 사용하면 된다.
※ 젖은 행주로 살짝 눌러 눅눅하게 만든다.

눈
남은 김을 김 전용 펀치나 가위를 이용해 지름 5mm 크기로 둥글게 자른다.
※ 완성 단계에서 자른다.

날개
김 1/3장 + 노란색 밥 20g
김 중앙에 노란색 밥을 막대 모양으로 올려두고 가까운 쪽부터 삼단으로 접는다.

2 노란색 밥 20g을 날개 오른편에 조금 비스듬히 올려 날개가 지탱되게 한다.

3 노란색 밥 50g을 왼편에 살짝 쌓아 올린다.

4 부리를 올린다.

옆으로 눕혀 순서대로 쌓는다.

5 몸통에 맞춰 왼쪽부터 김을 씌운다.

부리는 손가락 끝으로 쥐어 형태를 만든다.

6 대발을 손바닥에 올려놓고 둥글게 모아 쥔다. 대발을 완전히 접고 김을 끝까지 말아 준다.

손가락 끝을 사용해 꼬리, 부리의 뾰족한 부분도 확실히 모양을 잡아 준다.

7 대발을 양손으로 번갈아 쥐면서 윤곽을 만든다. 김밥 양 측면을 평평하게 다듬는다.

8 4등분한다. 먼저 중앙에 칼집을 넣고 다시 2등분하면 일정한 높이의 김밥을 만들 수 있다.

9 자른 단면이 위를 향하게 해서 다시 모양을 다듬은 후, 마지막에 눈을 붙인다.

Chapter4 캐릭터 윤곽을 따라 김을 말아 보자 ❸
펭귄

당장이라도 걸어 다닐듯 귀여운 펭귄 모습이다. 배의 곡선 부분은 찐 어묵을 이용했다. 부리 등의 뾰족한 부분과 머리의 곡선을 살리는 것이 핵심이다.

● 밥

기본 밥 125g
+으깬 검은깨 2작은술
+유카리 1/2작은술
검은 밥

70g 30g 15g 10g

● 재료
두꺼운 계란 지단(3×1×10cm) … 1개
찐 어묵(길이 10cm) … 1개
어육 소시지(길이 10cm) … 세로 1/2개
치즈 소시지(길이 10cm) … 1개

● 김
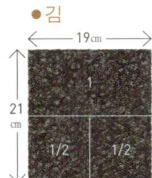
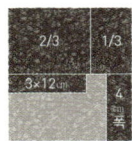

개별 부분

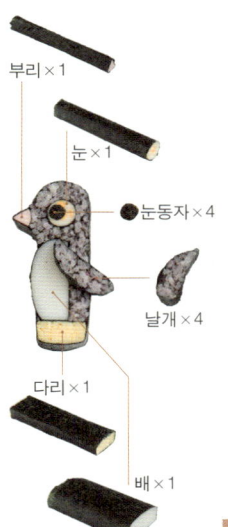

부리×1
눈×1
● 눈동자×4
날개×4
다리×1
배×1

부리
김 폭 4cm+어육 소시지
소시지를 세로로 3등분한 뒤 김을 만다.

눈
김 1/3장+치즈 소시지
치즈 소시지를 김으로 만다.

눈동자 ※ 완성 단계에서 자른다.
남은 김을 김 전용 펀치나 가위를 이용해 자른다.

다리
김 1/2장+두꺼운 계란지단
두꺼운 계란지단을 김으로 말아 이음매가 아래로 향하게 둔다.

날개
김 3×12cm+검은색 밥 15g
김의 중앙에 검은색 밥을 4cm 폭으로 펴 바른 뒤, 대발로 정확히 세 번 만다. 양손으로 번갈아 쥐면서, 사진처럼 곡선의 눈물 모양을 만든다.

애벌레 같기도, 눈물 같기도 하다!

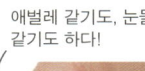

4등분한 뒤 형태를 다듬는다.

배 김 2/3장+찐 어묵
찐 어묵 단면의 귀퉁이를 5mm 정도 잘라내고 김으로 싼 뒤 이음매가 아래로 향하게 둔다.
※ 찐 어묵은 도마 위에서 미리 칼집을 내 두면 깨끗하게 잘린다.

조 립

2 밥 오른쪽 끝에 배 부분을 올린다. 바로 그 옆에 다리 부분을 올린다.

3 배 왼쪽 옆에 검은색 밥 10g을 막대 모양으로 만들어 붙인다.

1 김 1장과 1/2장을 연결한다. 김 왼쪽 10cm를 남겨두고, 검은색 밥 70g을 8cm 폭으로 펴 바른 뒤, 대발의 방향을 옆으로 돌린다.

4 눈을 올린다.

5 검은색 밥 30g을 눈을 감싸듯이 올리고, 그 위에 부리를 놓는다.

눕힌 뒤 순서대로 쌓는다.

부리   배   다리   눈

6 몸통 윤곽을 따라 왼쪽부터 김을 감아준다. 부리 부분은 손가락으로 형태를 만든다.

7 대발을 손바닥에 올려놓고 오른쪽부터 덮어가며 확실히 만다.

8 대발의 끝 쪽으로 김밥을 옮겨 윤곽을 다듬고, 김밥 측면을 평평하게 정돈한다. 4등분하고 마지막에 눈동자와 날개를 붙인다.

Chapter 4 캐릭터 윤곽을 따라 김을 말아 보자

Chapter 4 캐릭터 윤곽을 따라 김을 말아 보자 ④
개복치

이번에는 우스꽝스러운 생김새로 인기를 끌고 있는 개복치다. 간단해 보이는 모양이지만 찐 어묵 모양을 다듬는 데 시간이 걸리며, 다섯 개 층을 쌓아 올려야 완성할 수 있다.

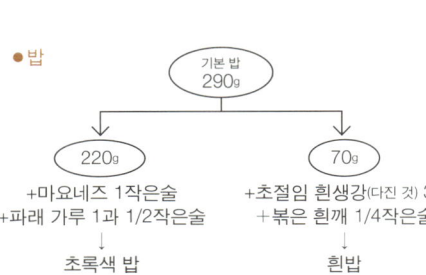

● 밥

기본 밥 290g
- 220g
  - +마요네즈 1작은술
  - +파래 가루 1과 1/2작은술
  - 초록색 밥
    - 60g 40g 30g
    - 25g 25g 20g 20g
- 70g
  - +초절임 흰생강(다진 것) 3g
  - +볶은 흰깨 1/4작은술
  - 흰밥
    - 30g 20g 20g

※ 먼저 마요네즈를 밥에 넣고 섞은 다음 파래 가루를 넣으면 뭉치지 않고 잘 섞인다.

● 재료
찐 어묵(길이 10cm) … 1개
치즈 소시지(길이 10cm) … 1개

● 김

21cm	1	2/3	1/3
	1/2	1/2	3/4	1/5	1/3

← 19cm → 폭 5mm×2

개별 부분

- 눈×1
- 눈알×4
- 꼬리(상)×1
- 꼬리(중앙)×1
- 꼬리(하)×1
- 입×1
- 가슴지느러미×1

가슴지느러미
김 1/3장, 폭 5mm×2+찐 어묵
찐 어묵은 그림처럼 자르고 세로로 3등분한다. 3개의 찐 어묵 사이사이에 폭 5mm의 김을 끼워 넣고 김 1/3장으로 감싼다.

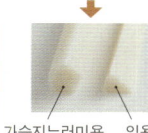

입
김 1/5장+찐 어묵
왼쪽 그림과 같이 찐 어묵을 자르고 김으로 싼다.

가슴지느러미용 입용

눈
김 1/3장+치즈 소시지
치즈 소시지를 김으로 만다.

눈동자 ※완성 단계에서 자른다.
남은 김을 김 전용 펀치나 가위를 이용해 지름 1cm 크기로 둥글게 자른다.

꼬리(상, 하) (김 1/2장+초록색 밥 25g)×2
김 중앙에 초록색 밥을 3cm 폭으로 비스듬히 펴 바르고, 대발을 이용해서 삼각형으로 만든다. 총 2개를 만든다.

꼬리(중앙) 김 3/4장+초록색 밥 60g
김 중앙에 초록색 밥을 폭 5cm, 높이 1cm 크기로 펴 바르고, 대발을 이용해서 삼단으로 접는다. 이음매가 바닥을 향하게 둔다.

 **조 립**

1 김 1장과 2/3장을 연결한다. 김 중앙에 입을 두고 중심에서 오른쪽에 흰밥, 왼쪽에는 초록색 밥을 각각 20g씩, 2cm폭의 막대 모양으로 뭉쳐서 놓는다.

2 초록색 밥 중앙에 눈을 올린다. 눈 오른쪽에 흰밥 30g, 왼쪽에 초록색 밥 20g을 올린다.

3 눈 옆의 흰밥 위에 가슴 지느러미를 올린다.
폭이 좁은 쪽을 아래로 향하게 한다.

4 가슴 지느러미의 오른쪽에 흰밥 20g, 왼쪽에 초록색 밥 30g을 올린다.

5 그 위에 초록색 밥 40g을 골고루 펴 바른다.

눈 / 가슴 지느러미 / 입 / 거꾸로 쌓는다.

※꼬리의 방향에 주의
뾰족한 부분이 바깥쪽을 향하게 한다.
꼬리(상) / 꼬리(중앙) / 꼬리(하)

6 대발을 손바닥에 올려놓고 둥글게 모아 쥔다. 밥 양쪽 끝까지 김을 만 뒤, 꼬리(중앙) 부분의 양쪽에 꼬리(상), (하)부분을 올린다. 대발을 한쪽씩 접어 김을 덮는다.

꼬리(상)은 조금 뾰족하게

7 대발의 끝 쪽으로 밥을 옮겨 윤곽을 다듬는다. 옆면을 4등분한 뒤, 눈동자를 붙인다.

Chapter4 캐릭터 윤곽을 따라 김을 말아 보자 ❺

고래

간단해 보이지만 올라가는 밥의 양이 많기 때문에, 의외로 어렵게 느껴질 수 있다. 입은 개복치 편에서 배운 기술을 활용해 보자.

● 밥

기본 밥 220g
+ 으깬 검은깨 2작은술
+ 유카리 1작은술
+ 마요네즈 1/2작은술
↓
검은색 밥

90g / 60g / 40g / 30g

● 재료
찐 어묵(길이 10cm) … 1개
오이(둥글게 썬 것) … 1cm
치즈 소시지(길이 10cm) … 1개

● 김
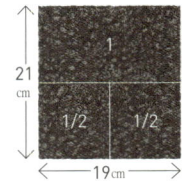 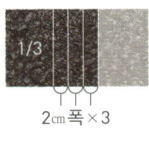
21cm × 19cm, 1, 1/2, 1/2, 1/3, 2cm 폭×3

개별 부분

분수 기둥×8, 눈×1, 눈알×4, 입×1

입
김 1/2장, 폭 2cm×3+찐 어묵
찐 어묵을 세로로 3cm 폭으로 자르고 이를 다시 세로로 4등분한다. 그 사이사이에 폭 2cm의 김을 끼워 합체시키고, 김 1/2장으로 만다. 이음매가 아래로 향하게 둔다.

눈
김 1/3장+치즈 소시지
치즈 소시지를 김으로 만다.

분수 기둥 오이

둥글게 썰은 오이 4개를 다시 반으로 자른다. 반달 모양으로 씨를 오려낸 뒤 활 모양으로 만든다. 총 8개를 준비한다.

눈알
남은 김을 김 전용 펀치나 가위를 이용해 자른다.
※ 완성 단계에서 자른다.

조립

입에 밥을 조금 올린다. 40g. 중심

1 김 1장과 1/2장을 연결한다. 입 오른쪽이 김의 중심에 오게 두고, 사진처럼 오른쪽에 검은색 밥 40g을 펴 바른다.

2 눈을 올린다. 눈과 입이 붙지 않도록 주의한다.

3 쌀가마니 모양으로 만든 검은색 밥 90g을 입 부분 위에 얹는다.

4 눈 위와 그 옆 몸통 부분에 검은색 밥 60g을 올린다.

5 막대 모양으로 만든 검은색 밥 30g을 오른쪽에 놓는다.

눈

30g

꼬리를 둥글게 만들면 더 귀여워진다.

순서대로 쌓는다.

입

꼬리

※ 왼쪽 끝에 접착제 대용으로 밥풀 몇 알을 붙인다.

6 대발을 손바닥에 올려놓고 둥글게 모아 쥔다. 오른쪽 김은 꼬리의 둥근 부분에 맞춰서 덮고 긴 젓가락으로 고정시킨다.

7 왼쪽도 대발을 덮어 완전히 말아준다. 윤곽을 다듬고 김밥 측면을 평평하게 다진다.

8 4등분한다. 꼬리 모양이 변하기 쉬우니 가볍게 누른다.

9 모양을 잡아 준 뒤 눈알을 올린다. 정수리 부분에 칼끝으로 홈을 만들어 분수 기둥을 꽂아 준다.

67

초밥 이모저모 ②

캘리포니아 롤

김을 외곽에 두르는 것이 아니라 안쪽에 깔고 말아주는 '누드 김밥' 기술을 활용한다. 미국 태생인 이 김밥은 지금은 전 세계적으로 인기를 끌고 있다. 겉모습도 화려해서 파티에 빼놓을 수 없는 메뉴가 되었다.

● 재료 (1인분)
기본 밥 … 120g
김 … 1장
날치 알 … 2큰술

〈내용물〉
아보카도 … 1/4 개
무순 … 적당량
게맛살 … 3개 반
초록잎 양상추 … 1장
연어(1cm 두께×11cm 길이) … 2줄
데친 다스파라거스 … 2개
고추냉이가 들어간 마요네즈 … 적당량

1 대발에 랩을 이중으로 두른다. 처음에는 대발의 선과 평행이 되도록, 두번째는 대발의 방향과 수직이 되도록 랩을 싼다.

2 대발에 김 한 장을 가로로 놓고 전면에 밥을 균등하게 펴 바른다.

3 날치 알을 전면에 펴 바른다. 김 바닥에 손을 넣고 뒤집는다.

이 쪽이 앞면이 된다.

4 김의 중앙보다 조금 아래쪽에 5cm정도의 폭으로 고추냉이가 들어간 마요네즈를 바른다.

속재료를 밖으로 삐져나오게 넣는다.

5 김을 앞에서부터 5cm 정도 남겨두고 순서대로 속재료를 넣는다. 먼저 양상추를 깔고 아보카도, 연어, 게맛살, 아스파라거스, 무순을 올린다.

6 속재료를 누르면서 말아준다. 한 바퀴를 말아준 다음, 대발을 몸 쪽으로 끌어당긴다. 다시 대발 끝을 위로 살짝 들춰 올리면서 앞으로 말아준다. 이렇게 김밥을 회전시키면서 끝까지 만든다.

7 위에서 대발을 덮어 형태를 만들어 준다. 대발을 벗기고 그 위에 랩을 씌워 8등분한다. 사진처럼 양 끝은 조금 두껍게 자른다.

Chapter 5
좌우 대칭 쌓기로 얼굴을 만들어 보자

개별 부분을 쌓아 올림으로써 다양한 얼굴과 표정을 표현할 수 있다.
먼저 좌우 대칭 쌓기부터 시작해 보자.

Chapter5 좌우 대칭 쌓기로 얼굴을 만들어 보자 ①
개구리

귀여운 동물의 얼굴을 만들 수 있다는 것도 캐릭터 김밥의 큰 매력이다. 이 장에서는 좌우 대칭으로 부분을 쌓아나가는 법에 대해 배운다. 개구리는 김 양면에 밥을 펴 바르는 누드 김밥 기술을 응용해서 만들 수 있다.

● 밥

기본 밥 220g
+마요네즈 1/2작은술
+파래 가루 1큰술

↓

초록색 밥
100g 60g 40g 10g 10g

● 재료
어육 소시지(두꺼운 것, 길이 10cm) … 세로 1/2개
치즈 소시지(얇은 것, 길이 10cm) … 2개

● 김
21cm × 19cm (1장, 1/2장, 1/3장)

※ 마요네즈를 먼저 밥에 넣고 섞은 뒤 파래 가루를 뿌리면 뭉치지 않고 잘 섞인다.

개별 부분

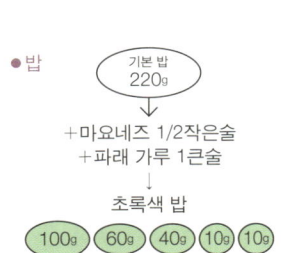

눈×2
눈동자×8
입×1

눈
치즈 소시지

입
김 1/2장+어육 소시지
김에 어육 소시지를 올려 손으로 만다.

눈동자
남은 김으로 김 전용 펀치나 가위를 이용해 자른다(총 8장).
※ 완성 단계에서 자른다.

조립

1. 밥이 달라붙지 않도록 대발을 랩핑한다(66페이지 참조).

100g

2. 김 1장과 김 1/3장을 연결하고 초록색 밥 100g을 전면에 펴 바른다. 김 바닥에 손바닥을 조심스럽게 넣어 뒤집는다.

Chapter 5 좌우 대칭 쌓기로 얼굴을 만들어 보자

3 이제 눈을 만든다. 치즈 소시지를 양쪽 끝에 올린 다음 각각 끝에서 한 번씩 말아준다. 대발의 방향을 가로로 돌린다.

눈을 지탱하는 곡선을 따라 밥의 양을 조절한다!

60g

4 김 위에 초록색 밥 60g을 골고루 펴 바른다.

5 양쪽 끝을 손에 쥐고 가까운 쪽부터 조심스럽게 뒤집는다.

순서대로 쌓는다.

6 입을 중앙에 놓고 양쪽에 초록색 밥을 각 10g씩 얹어 입이 움직이지 않게 한다.

10g   입   10g

눈   눈

7 대발을 손바닥에 올려놓고 둥글게 모아 쥔다. 양쪽 눈 사이에 초록색 밥 40g을 고르게 올린 뒤 가볍게 눌러 준다.

40g

8 대발의 끝 쪽으로 김밥을 옮긴다. 양쪽 눈 사이가 움푹 들어갈 수 있게 치즈 소시지(포장된 채로)를 올린다. 그대로 대발을 좌→우로 한쪽씩 접어가면서 완전히 덮는다.

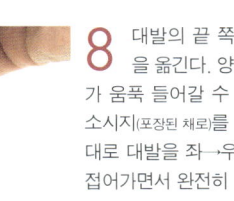

9 눈 부분이 바닥을 향하게 두고 대발을 위에서부터 덮어 형태를 잡아준 뒤, 김밥 측면을 평평하게 다듬는다.

10 밥이 달라붙지 않도록 랩을 한 번 두른 뒤 4등분한다. 절단면을 위로 향하게 한 뒤 다시 모양을 다듬고 눈동자를 붙인다.

눈의 밑 쪽에 곡선을 만들어 준다!

Chapter5 좌우 대칭 쌓기로 얼굴을 만들어 보자 ❷

곰

이번에는 복습도 할 겸 둥글게 말기만 하면 되는 곰을 만들어 보자. 속재료는 아무 것도 들어가지 않지만, 갈색 밥은 다진 닭고기 조림을 넣어 만들기 때문에 아이들에게 인기 만점이다.

● 밥
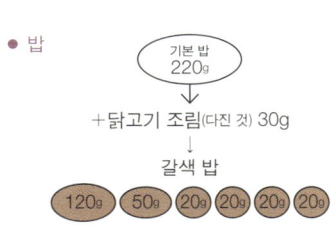

● 김
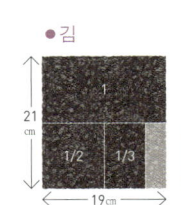

개별 부분

입 주변 김 1/2장+갈색 밥 50g

김 중앙에 막대 모양으로 만든 갈색 밥을 놓는다. 가까운 쪽의 대발을 들어 김의 맞은편 끝에 맞춘다(①). 반대쪽 밥까지 힘을 주어 한 바퀴 만 뒤, 대발을 잡아당기면서 누른다(②). 다시 한 번 대발을 들어 앞쪽으로 밀면서 김밥을 회전시킨다. 대발을 걷어 회전시킨 부분이 아래를 향하게 둔다. 김이 눅눅해지면 대발에 넣고 굴려 둥글게 만든다.

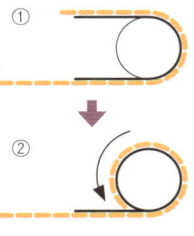

귀 (김 1/3장+갈색 밥 20g)×2

김의 중앙에 갈색 밥을 막대 모양으로 얹는다. 입 주변과 똑같은 방법으로 2개를 만든다. 김이 눅눅해지면 역시 김밥을 대발 중앙에 놓고, 대발을 앞뒤로 움직이면서 둥글게 만든다. 귀 하나를 4등분해서 총 8개를 만든다.

※ 김이 눅눅해졌을 때 자르기도, 얼굴에 붙이기도 쉽기 때문에 귀는 마지막에 자른다.

눈, 코, 입

남은 김을 김 전용 펀치나 가위를 이용해 자른다.

※ 김이 눅눅해지면 자르거나 붙이기 어려우므로 완성 단계에서 자르고 붙인다.

조립

1 김 1장을 가로로 둔다. 중앙에 갈색 밥 120g을 놓는다.

6cm
120g
6cm
2cm

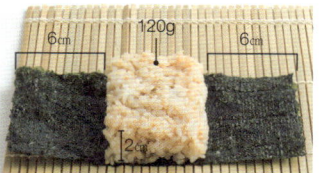

2 중앙에 입 주변 부분을 올린다.

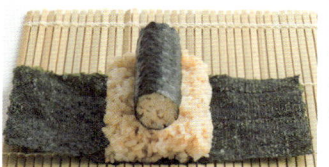

3 입 주변부분의 양옆에 갈색 밥을 각각 20g씩 얹는다. 미리 도마 위에서 형태를 만든 후 얹으면 실수하지 않는다.

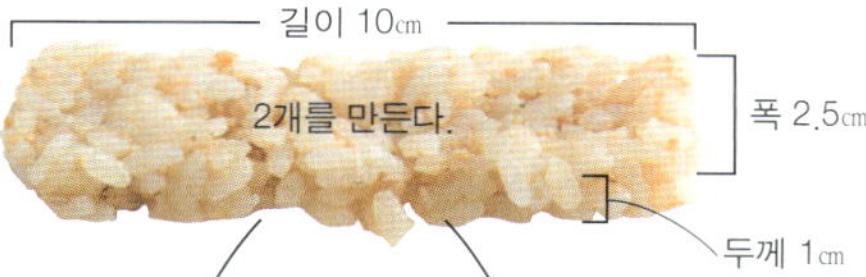
길이 10cm
2개를 만든다.
폭 2.5cm
두께 1cm

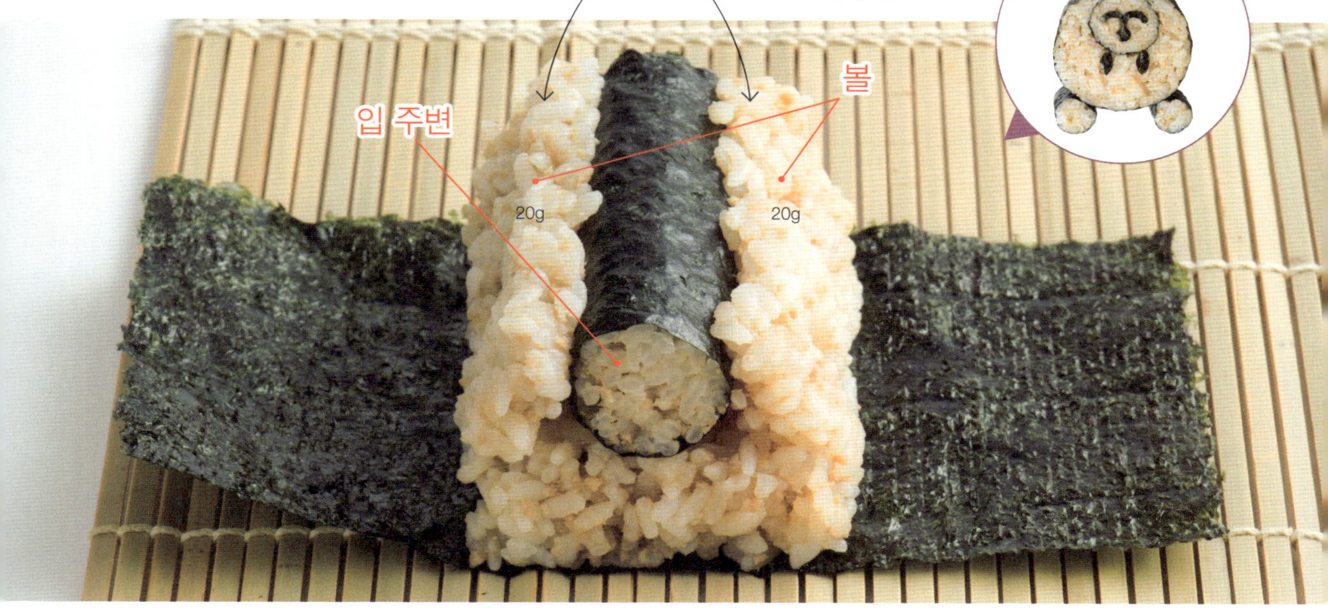
입 주변
볼
20g
20g
거꾸로 쌓는다.

4 대발을 손바닥에 올려놓고 둥글게 모아 쥔다. 대발을 한쪽씩 접어 김을 완전히 덮는다. 대발을 양손으로 번갈아 쥐면서 원형을 만든다.

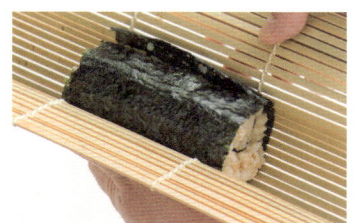

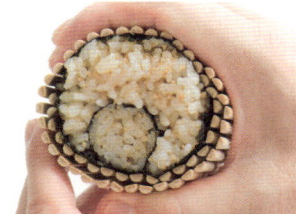

5 김밥 측면을 평평하게 다듬고 4등분한다. 절단면이 위를 향하게 두고, 가볍게 눌르면 타원 형태가 된다.

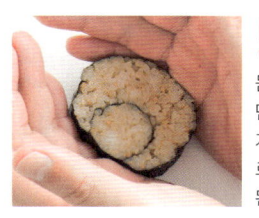

6 귀를 붙이고 균형을 잘 맞춰서 눈, 코, 입도 붙여준다.

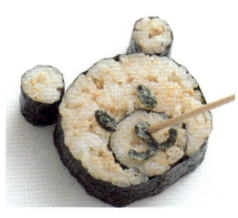

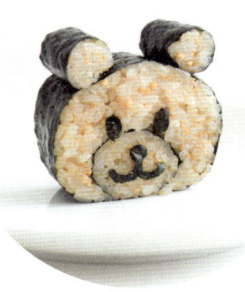

Chapter5 좌우 대칭 쌓기로 얼굴을 만들어 보자 ❸
문어

어묵을 이용해 금방이라도 먹물을 쏠 듯 생동감 있는 문어를 만들어 보자. 순서대로 얼굴의 개별 부분을 쌓아가면 된다.

● 밥

기본 밥 255g
+명란젓 약간
빨간색 밥
50g 40g 30g 30g 20g 20g
10g 10g 10g 10g 10g
10g 10g 10g 10g 10g

● 재료
치즈 소시지(길이 10cm) … 2개
막대구멍 어묵(길이 10cm) … 1개

● 김

개별 부분

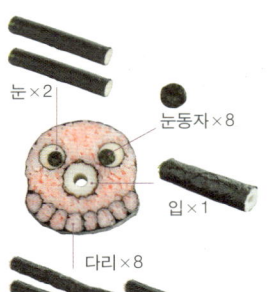

눈 × 2
눈동자 × 8
입 × 1
다리 × 8

눈 (김 1/3장 + 치즈 소시지) × 2
치즈 소시지를 김으로 돌돌 말아준다. 이렇게 2개 만든다.

다리 × 8
(김 1/4장 + 빨간색 밥 10g) × 8
김의 중앙에 빨간색 밥을 막대 모양으로 얹은 후 손으로 말아준다. 김이 눅눅해지면 대발에 2줄씩 세로로 놓고 반을 접어 양 끝을 맞대고 비빈다. 타원 형태가 만들어진다.

입 김 1/2장 + 막대구멍 어묵
막대구멍 어묵은 거친 양쪽 끝을 잘라낸 다음 김으로 말고, 김의 이음매가 아래로 향하게 둔다.

눈동자 ※ 완성 단계에서 자른다.
남은 김을 김 전용 펀치나 가위를 이용해 자른다(총 8장).

조 립

도마 위에서 미리 판 모양으로 만들어 둔다.
40g
폭 5.5cm

1 김 1장과 3/4장을 연결한다. 김 중앙에 다리 8개를 나란히 놓는다. 좌우 각 1개씩을 제외한 6개의 다리 위에 판 모양으로 만든 붉은색 밥 40g을 놓는다.

2 붉은색 밥 중앙에 입을 올려놓고 그 양옆에 각각 30g씩 붉은색 밥을 얹는다.

막대구멍 어묵과 같은 높이로

3 입 양쪽 붉은색 밥 위에 눈을 놓는다.

4 붉은색 밥을 눈과 눈 사이에 20g, 눈 바깥쪽 양옆에 각 10g씩 올린다.

각 10g

5 그 위에 붉은색 밥 50g을 고르게 얹는다.

6 붉은색 밥 20g을 머리 중앙에 올린 뒤, 양쪽 끝과 자연스럽게 이어지도록 펴 준다. 머리 전체를 둥글게 만든다.

눈 입 눈 다리

순서대로 쌓는다.

다리 양쪽 가장자리가 곡선이 되도록 만다.

7 대발을 손바닥에 올려놓고 둥글게 말아간다. 대발을 한쪽씩 접어 김을 완전히 덮는다.

둥근 라인을 만든다.

8 대발을 양손으로 번갈아 쥐면서 둥글게 만들어 준다. 김밥 양 측면을 평평하게 다듬고 4등분한다. 절단면이 위를 향하게 두고 눈동자를 붙인다.

Chapter5 좌우 대칭 쌓기로 얼굴을 만들어 보자 ❹
판 다

좌우 대칭 쌓기는 균형이 매우 중요하다. 각 부분을 놓는 위치나 각도, 밥을 얹는 방법에 주의하면서 처진 눈매를 지닌 판다의 사랑스러운 모습을 표현해 보자.

● 밥

```
          기본 밥
           350g
          ↙     ↘
       250g      100g
        ↓     + 으깬 검은깨 3큰술
       흰밥    + 유카리 2작은술
   100g 50g 30g   ↓
   20g 20g 15g 15g 검은색 밥
                   60g  40g
```

● 재료
박고지 조림(길이 10cm) ··· 폭 4.5cm
※ 미리 조림장을 닦아내고 펴 둔다.
우엉 된장절임(얇게 썬 것) ··· 8장

● 김

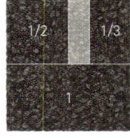
완전형의 폭 8cm | 완전형의 폭 7cm | 1/2 | 1/3 | 1/3
1
21cm / 19cm

개별 부분

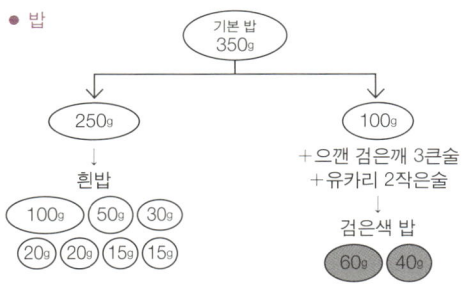

눈×2
귀×1
눈동자×8
코×1
입×2
눈동자

※ 완성 단계에서 자른다.

눈 김 21×8cm + 검은색 밥 60g
김 위에 검은색 밥을 막대 모양으로 만들어 올려놓고 만다. 대발을 양손으로 번갈아 쥐면서 타원형으로 만들어 반으로 잘라 둔다.

귀 김 21×7cm + 검은색 밥 40g
김 위에 검은색 밥을 막대 모양으로 뭉쳐 올리고 만다. 대발을 양손으로 번갈아 쥐면서 둥글게 만든다. 절반으로 자른 뒤 2줄을 나란히 놓고 동시에 잘라 4등분한다.

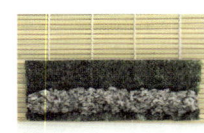 

코 김 1/3장 + 박고지
몸에서 가까운 쪽부터 박고지를 4.5cm폭으로 얹고 약간 힘을 주어 만다. 그런 다음 대발로 싸서 둥글게 말아준다.

입 김 1/2장 + 흰밥 30g
김 위에 흰밥을 막대 모양으로 만들어 올리고 만다. 위에서 살짝 눌러 타원형으로 만든 뒤 세로로 반을 가른다.

조립

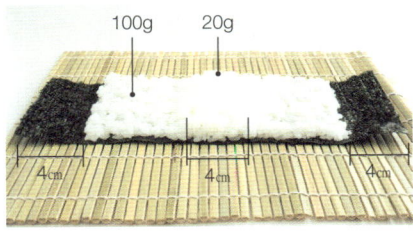

1 김 1장과 1/3장을 연결하고 그 위에 흰밥 100g을 양쪽 끝 4cm를 남겨둔 채 펴 바른다. 대발 방향을 가로로 두고 중앙에 흰밥 20g을 4cm 폭으로 얹는다.

2 흰밥 20g을 중앙에 막대 모양으로 올려두고 양 옆에 눈을 놓는다.

3 눈과 눈 사이에 코를 놓는다. 코 양 옆에 막대 모양으로 만든 흰밥을 각각 15g씩 얹는다(좌우 폭은 눈과 같게 하고 높이는 코에 맞춘다).

4 김 이음매를 아래로 향하게 해서 입 2개를 나란히 올린다. 입과 코의 중심선이 잘 연결되게 올린다.

5 입 위에 흰밥 50g을 골고루 올린다. 턱 부분이 두툼해 보이도록 입의 양옆까지 밥을 올린다.

6 대발을 한쪽씩 접어 김을 완전히 덮는다.
※ 무거울 때는 대발을 바닥에 둔 채로 둥글게 만든다.

7 대발 끝으로 김밥을 옮겨 양손으로 누르면서 살짝 타원형으로 다듬고, 김밥 측면을 평평하게 정돈한다. 4등분한 뒤 절단면을 위로 향하게 해서 다시 한 번 형태를 다듬는다. 귀와 눈동자를 붙인다.

Chapter5 좌우 대칭 쌓기로 얼굴을 만들어 보자 ⑤
고양이

기본적인 방법은 판다와 같다. 세 가지 색의 밥을 사용해서 만드는, 천진난만한 모습의 삼색 고양이다. 위아래를 거꾸로 쌓아 올리기 때문에, 지금 무엇을 조립하고 있는지를 잘 생각하면서 만들어 보자.

● 밥

```
              기본 밥
               300g
    ┌────────┬────┴────┬────────┐
   240g      25g       20g      15g
    │         │         │        │
   흰밥    +새우조림 5g  +으깬 검은깨  +명란젓 5g
   50g                 1작은술
  30g 30g 30g          갈색 밥    검은색 밥   분홍색 밥
20g 20g 20g 20g          30g        20g         20g
```

● 재료
박고지 조림(길이 10cm) … 폭 5cm
※ 미리 조림장을 닦아내고 펴 둔다.
마요네즈 … 1작은술

● 김

개별 부분

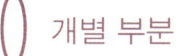

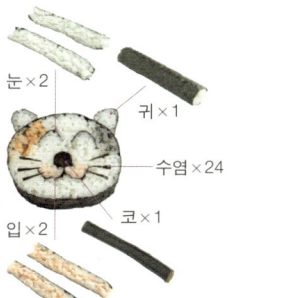
눈×2 귀×1
     수염×24
입×2 코×1

수염
남은 김을 잘게 자른다(총 24장).
※ 완성 단계에서 자른다.

눈 김 1/3장+흰밥 20g
김 앞쪽에 막대 모양으로 만든 밥을 올려놓고 만다. 둥근 형태가 유지될 수 있도록 주의하면서 세로로 반을 가른다.

귀 김 1/2장+흰밥 30g
김 위에 흰밥을 막대 모양으로 올려놓고 한 번 만다. 대발을 벗겨 위에서 살짝 누르면서 타원형으로 만든 뒤 세로로 반을 가른다. 절반으로 자른 뒤 2줄을 나란히 놓고 동시에 잘라 총 4등분 한다. ※ 마무리 단계에서 자른다.

코 김 1/3장+박고지
김 앞쪽에 5cm 폭으로 박고지를 올린 후 손으로 힘을 주면서 만다. 이음매가 아래를 향하게 둔다.

입 김 1/3장+분홍색 밥 20g
분홍색 밥을 막대 모양으로 만들어 김 위에 올리고 만다. 둥근 형태가 유지될 수 있도록 주의하면서 세로로 반을 가른다.

조 립

1 김 1장과 1/2장을 연결한다. 김 중앙에 4cm 폭으로 흰밥 30g을 펴고, 그 양쪽 옆에 2가지 색 밥을 쌀가마니 모양으로 얹어 삼색 고양이 모양을 만들어간다(오른쪽 검은색, 왼쪽 갈색). 검은색 밥 오른쪽에 흰밥 30g, 갈색 밥 왼쪽에 흰밥 20g을 각각 올린다.

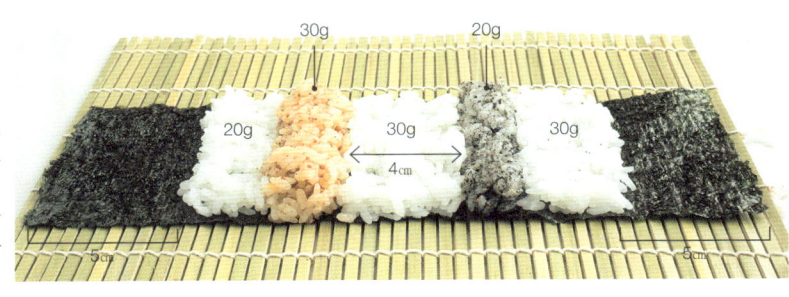

2 중앙에 막대 모양으로 만든 흰밥 20g을 얹는다. 양쪽 흰밥에 마요네즈를 바른다.

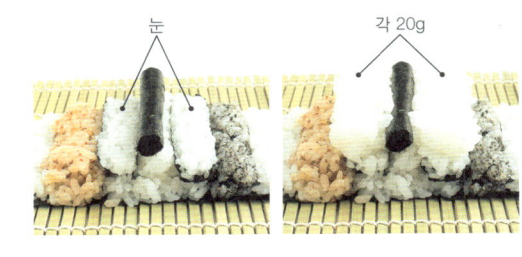

3 중앙의 흰밥 양 옆에 김 이음매를 아래로 향하게 한 눈을 얹는다. 코는 중앙에 올리고, 그 양 옆은 각각 흰밥 20g씩을 올려 고정한다.

4 김 이음매를 위쪽으로 향하게 한 입 2개를 나란히 놓는다. 입과 코의 중심선이 잘 맞도록 주의한다.

거꾸로 쌓는다.

5 입 위에 흰밥 50g을 둥글게 올린다. 입 양쪽 옆까지 흰밥을 펴 바른다.

6 대발을 손바닥에 놓고 위를 누르면서 둥글게 만든다. 대발을 한쪽씩 접어 가며 김을 완전히 덮는다. 김밥을 대발 끝으로 옮겨 양손으로 누르면서 원형을 만들고, 양쪽 측면을 평평하게 정돈한다. 4등분한 뒤, 절단면을 위로 향하게 하고 다시 한 번 형태를 다듬는다. 귀와 수염을 붙인다.

Chapter5 좌우 대칭 쌓기로 얼굴을 만들어 보자 ❻
점박이 물범

보통 김밥에 코와 입만 만들면 되는 간단한 구조이다. 하지만 각 부분의 균형이 중요하다. 흰밥의 비율이 높기 때문에 질리지 않도록 절임 무를 잘게 썰어 넣는다.

● 밥

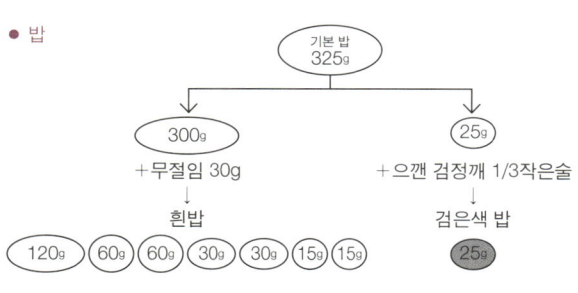

● 재료

박고지 조림(길이 10cm) … 폭 3cm
※ 미리 즙을 닦아내고 펴 둔다.

● 김

21cm / 19cm / 1 / 1/3 1/3 1/3 / 완성형의 폭 1/2

개별 부분
- 코×1
- 눈, 눈썹×각 8
- 입(부분)×2
- 지느러미×1 (나중에 자름)

코 김 1/3장+박고지
김을 앞쪽부터 5mm 정도 남겨둔 채 박고지를 3cm 폭으로 놓는다. 앞에서부터 김을 완전히 감싸서 손에 힘을 주어 만다.

입 김 1/3장+검은색 밥 25g
김 중앙에 검은색 밥을 막대 모양으로 만들어 올려놓고 대발로 말아 준다. 위에서 가볍게 누르면서 살짝 타원형이 되게 한다. 김 윗부분에 칼끝을 넣고 한 번에 눌러 세로로 반을 가른다.

 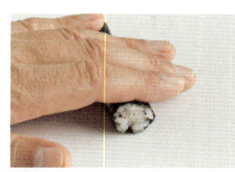 

지느러미 김 1/2장+흰밥 60g
김 중앙에 밥을 막대 모양으로 올려놓고 대발로 말아준다. 대발을 양손에 쥐고 사진처럼 한쪽을 쥐듯이 잡고 붙여준다. 반으로 자른 다음 그 2줄을 나란히 놓고 동시에 잘라 총 8개를 만든다. ※ 완성 단계에서 자른다.

눈, 눈썹
김을 자르고 남은 조각을 김 전용 펀치나 가위를 사용해 자른다(총 8개).
※ 완성 단계에서 자른다.

조립

1 김 1장과 1/3장을 연결한다. 흰밥 60g을 펴 바른다. 중앙에 김이 있는 쪽이 아래로 향하게 하여 입 부분을 얹고 양쪽에 흰밥을 각각 15g씩 올린다. 입 중앙에 코를 올린다.

2 코 양쪽에 막대 모양으로 만든 흰밥을 각각 30g씩 올린다.

3 양쪽 옆에 올린 흰밥을 코 위로 얇게 펴 바른다.

4 넓적하고 둥글게 만든 흰밥 120g을 그 위에 얹는다.

5 높이 쌓인 흰밥을 조금씩 옆으로 펴 바른다.

순서대로 쌓는다.

6 대발을 손바닥에 올려놓고 윗부분을 둥글게 누르면서 김을 만든다.

7 대발을 한쪽씩 접어 김을 완전히 덮는다.

8 대발을 양손으로 누르면서 타원형으로 만든다. 대발 끝으로 김밥을 옮겨 균형을 맞춰가며 양쪽 측면을 평평하게 다듬는다. 4등분하여 형태를 잡아준다. 절단면이 위를 향하게 해 눈과 눈썹을 붙이고 지느러미를 붙여준다.

흰 접시 위에 올려놓으면 얼음과 눈 사이로 얼굴을 내밀고 있는 것처럼 보인다.

Chapter5 좌우 대칭 쌓기로 얼굴을 만들어 보자 ❼

돼 지

우엉 뿌리를 사용해서 돼지의 개성 있는 코와 유쾌한 돼지 얼굴을 완성해 보자. 얼굴 외곽에는 분홍색과 잘 어울리는 초록색 밥을 두른다.

● 밥

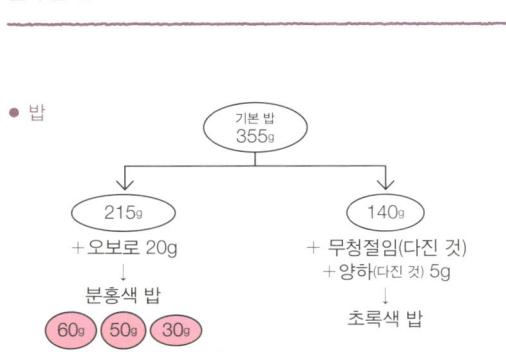

● 재료
우엉 뿌리 된장 절임(길이 10cm) … 2줄

● 김

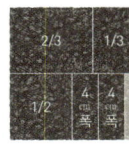

개별 부분

눈 김 1/3장+분홍색 밥 20g
김 중앙에 분홍색 밥을 막대 모양으로 뭉쳐 올린다. 대발로 한 번 말아 둥글게 모양을 잡아준다. 위에서 살짝 누르면서 타원형으로 만든 후 세로로 반을 가른다.

귀 (김 1/3장+분홍색 밥 20g)×2
김 중앙에 분홍색 밥을 막대 모양으로 만들어 올린다. 대발로 한 번 말아서 둥글게 모양을 잡아준다. 대발을 양손에 쥐고 사진처럼 한쪽을 누르면 삼각형 모양이 된다.

코 (김 폭 4cm+우엉 뿌리)×2+김 2/3장+분홍색 밥 50g
우엉 뿌리를 김(좌측 하단 참조)으로 만다. 끝부분을 밥풀 몇 알로 붙인다. 김 중앙에 분홍색 밥을 반만 올려 4cm폭으로 펴고, 김으로 만 우엉 뿌리 2줄을 얹는다. 그 위에 남은 분홍색 밥을 골고루 올린다. 대발을 한쪽씩 접어 김을 완전히 덮고, 타원형으로 만든다.

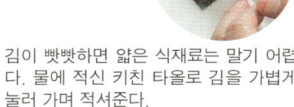

김이 빳빳하면 얇은 식재료는 말기 어렵다. 물에 적신 키친 타올로 김을 가볍게 눌러 가며 적셔준다.

〈얼굴 만들기〉

1 김 1장을 가로로 두고 분홍색 밥 60g을 펴준다. 중앙에 분홍색 밥 15g을 막대 모양으로 얹고, 그 양쪽 옆에 눈을 올린다. 이때 김 이음매를 아래로 향하게 놓는다.

2 그 위에 분홍색 밥 20g을 골고루 펴 바른다.

3 중앙에 코를 올린다.

4 대발을 손바닥에 올려놓고 둥글게 모아 준다. 분홍색 밥 30g을 균등하게 발라주고 대발을 한쪽씩 접어 김을 완전히 덮는다. 대발을 양손으로 누르면서 타원형으로 만든다.

조립

1 김 1장과 1/2장을 연결한다. 중앙에 초록색 밥 80g을 펴 바른 뒤 대발 방향을 가로로 돌린다.

2 중앙에 초록색 밥 15g을 막대 모양으로 뭉쳐서 올린 다음, 양쪽에 귀를 팔(八)자 형태가 되도록 놓는다. 귀의 바깥쪽에 초록색 밥을 각각 10g씩 쌓는다.

3 중앙에 얼굴 부분을 거꾸로 얹는다.

뾰족한 부분이 아래로 향하게 한다.

거꾸로 쌓는다.

4 대발을 손바닥에 올려놓고 둥글게 모아 준다. 그 위에 초록색 밥 40g을 골고루 얹은 후 김으로 완전히 감싸준다. 대발을 완전히 덮어 터널 형태로 만들고, 김밥 측면을 평평하게 다듬은 뒤 4등분한다.

Chapter5 좌우 대칭 쌓기로 얼굴을 만들어 보자 ⑨
핼러윈 호박 등불

핼러윈하면 빼놓을 수 없는 것이 '호박 등불' 이다. 핼러윈의 컬러인 오렌지색 밥으로 만든다. W자의 입모양을 잘 표현하는 것이 핵심이다.

● 밥

기본 밥 230g

↓
+ 날치 알 30g
+ 마요네즈 1작은술
+ 볶은 흰깨 1큰술

↓
오렌지색 밥

100g 50g 40g 20g
15g 15g 10g 10g

● 재료
박고지 조림(길이 10cm) … 폭 7cm
※미리 조림장에서 꺼내 말려둔다.
오이(길이 10cm) … 세로 1/2개
오이 껍질 … 적당량

● 김

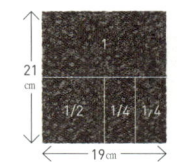 

개별 부분

눈×2
코×1 꼭지×4

입×1

* 개별 부분 만드는 순서
눈과 코를 만들 오이를 자른다. → 남은 오이로 가장 먼저 입을 만든다.

눈, 코 (김 1/4장+오이)×3
오이를 그림처럼 자른다. 입 부분을 만드는 데 사용한 후, 각각 김으로 만다.

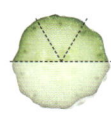 

입 김 1장+오렌지색 밥 50g+박고지
1 몸에서 가까운 쪽부터 7cm 폭으로 박고지를 올리고 김으로 감싼 뒤 이음매가 아래로 향하게 둔다.
2 도마 위에서 오렌지색 밥을 10×5cm의 평평한 판 모양으로 만든 다음 랩을 씌운다. 칼로 5등분한다.
3 오이(눈, 코) 3줄을 뾰족한 부분이 위로 향하게 하고, 5cm 정도의 간격으로 놓는다.
4 위에서부터 1을 가로로 덮어주고 오이와 오이 사이를 칼로 눌러준다.
5 2에서 잘라둔 오렌지색 밥을 움푹 들어간 부분에 채운다.
6 반대로 뒤집어 오이를 빼고, 움푹 들어간 세 부분에 다시 오렌지색 밥을 얹는다.

1

2

5

6

3 4

오이를 잘라서 눈과 코용으로 사용한다.

꼭지 오이 껍질
오이 껍질을 세로로 조금 두껍게 잘라 1×2cm 크기로 4개 만든다.

조 립

1 김 1장과 1/2장을 연결하고 그 위에 오렌지색 밥 100g을 펼친다. 대발의 방향을 가로로 돌리고 중앙에 입 부분을 올린다.

5㎝
100g
5㎝

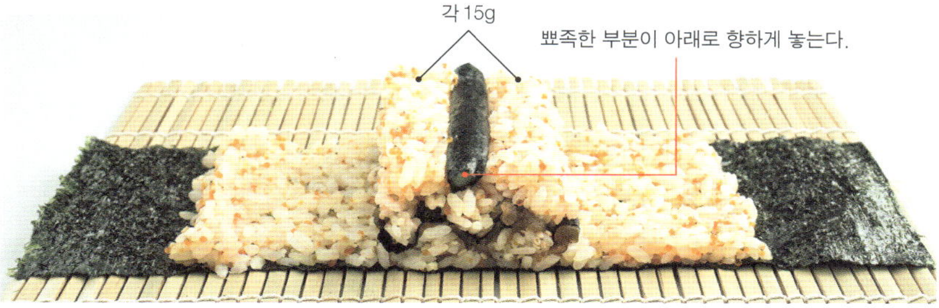
각 15g
뾰족한 부분이 아래로 향하게 놓는다.

2 입 중앙에 코를 올린다. 그 양 옆에 막대 모양으로 만들어둔 오렌지색 밥을 각각 15g씩 올린다.

3 그 위에 눈을 올린다.

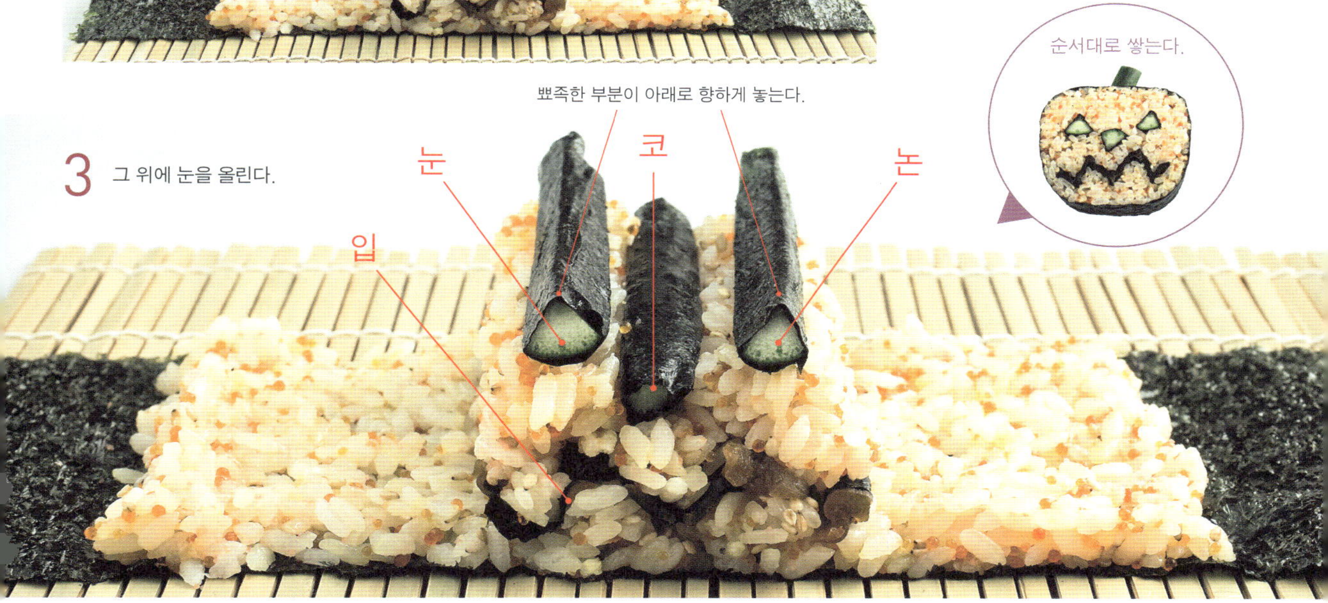
순서대로 쌓는다.
뾰족한 부분이 아래로 향하게 놓는다.
눈
코
논
입

오랜지색 밥 40g
10g
20g
10g

4 대발을 손바닥에 올려놓고 둥글게 모아 쥔다. 오렌지색 밥 20g으로 눈과 눈 사이를 메꿔주고 10g으로 눈 옆의 빈틈을 채운다. 그 위에 오렌지색 밥 40g을 골고루 덮어준다.

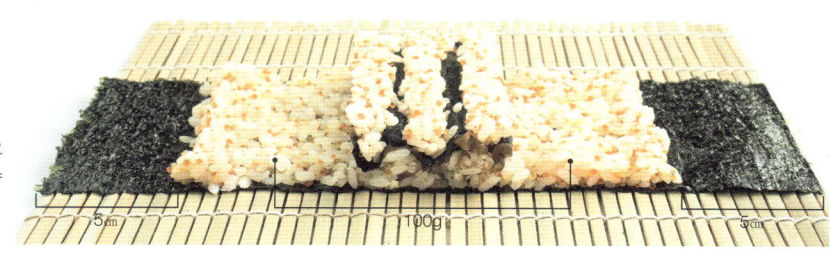

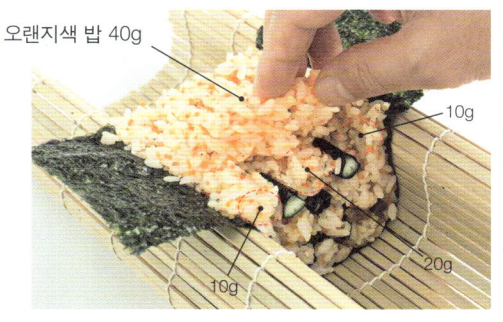

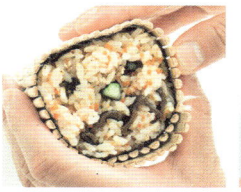

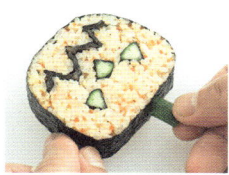

5 대발을 한쪽씩 접어 김을 완전히 덮는다. 김밥을 대발 끝으로 옮겨 양손으로 잡으면서, 뒤집힌 터널 모양으로 만든다. 그런 다음 김밥 측면을 평평하게 다듬는다. 4등분하고 상부 중앙에 칼집을 내서 꼭지를 꽂는다.

초밥 이모저모 ③

동글이 초밥

모양이 귀여울 뿐만 아니라 한 입에 먹을 수 있다는 간편함 때문에 인기를 끌고 있는 공 모양의 초밥이다. 랩을 사용해서 만들기 때문에 간단하고, 어린이들도 쉽게 만들 수 있다.

● 재료
　기본 밥 … 300g

〈표고버섯 동글이 초밥〉
　표고버섯 절임 … 4개/ 산초잎 … 4장

〈계란 동글이 초밥〉
　얇게 썬 계란지단 … 얇은 계란지단 1장분
　1장 차조기 씨앗 … 적당량

〈연어 동글이 초밥〉
　훈제 연어 … 4점 / 케이퍼 … 8알

1. 밥은 12등분으로 나눠서 각각 덩어리로 가볍게 뭉쳐둔다.

2. 랩을 가로세로 20cm로 잘라 손바닥 위에 놓는다. 먼저 산초잎을 올리고, 그 위에 표고버섯의 표면이 아래로 향하게 놓는다. 마지막으로 밥 1덩어리를 올린다.

3. 랩을 끝 부분을 그러모아 힘을 주고 돌린다. 랩을 벗겨내면 완성.

연어 동글이 초밥

랩 위에 케이퍼, 훈제 연어, 밥을 순서대로 올려놓고 랩을 쥐어짜듯이 돌린다.

표고버섯 동글이 초밥

계란 동글이 초밥

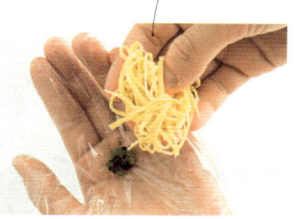

랩 위에 차조기 씨앗을 올려놓고 그 위에 얇게 썬 계란지단과 밥을 쌓은 후 랩을 쥐어짜듯이 돌린다.

※ 이 재료 외에도 오징어, 새우, 참치, 흰 살 생선, 가리비 등의 어패류나 가지 절임 등도 동글이 초밥을 만드는 데 좋다.

동글이 초밥을 작게 만들어 2~3개 정도 긴 막대에 꽂으면 꼬치 요리처럼 먹을 수도 있다.

Chapter 6
쌓아서 말아 보자

달맞이나 새해 등의 연중행사, 축하 파티를 위해 응용할 수 있는 작품이다. 좌우 비대칭으로 쌓아 올리기 때문에 더욱 섬세한 기술이 필요하지만, 그만큼 더욱 다양한 모양을 만들 수 있다.

Chapter6 쌓아서 말아 보자 ❶

눈 덮인 산

고즈넉한 분위기의 눈 덮인 산을 만들어 보자. 밥을 놓는 형태나 각도에 따라 단풍이 진 혹은 초록빛의 산 표면을 표현할 수 있다. 또한 그라데이션 효과를 준 듯 저녁노을이 펼쳐진 하늘, 눈이 쌓인 모습 등은 마치 수채화처럼 느껴진다.

● 밥

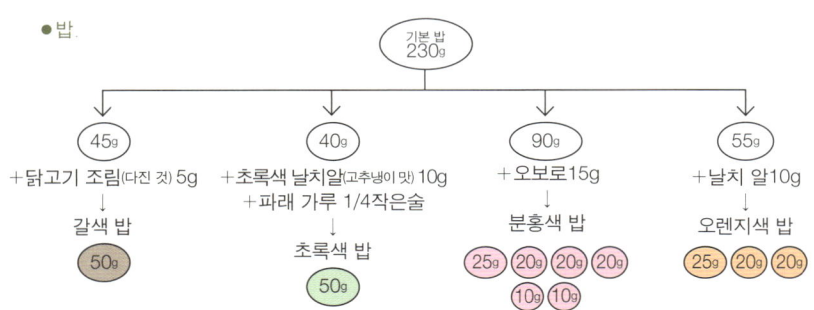

● 재료
찐 어묵(길이 10cm) … 1개

● 김

개별 부분

눈×1
새(날개 부분)×4

눈 찐 어묵

1 찐 어묵을 자른다. 산 정상에서 폭 1cm를 남기고, 위를 큰 경사가 있는 팔(八)자 형태로 도려낸다.

바닥 부분

1

2

2 찐 어묵의 바닥에 삼각으로 칼집을 넣어 총 4군데 요철을 만든다.

새 (김 1/4장+분홍색 밥 10g)×2

김의 중앙에 분홍색 밥을 올려놓고 말아 준다. 위에서 누르면서 살짝 타원형으로 만든 후 세로로 반을 가른다. 같은 작업을 한 번 더 반복한다.

산 만들기

1 김 2/3장을 가로로 둔다. 중앙에 눈 부분을 놓는다. 대발을 손바닥에 올리고 김이 밀착되게 한다.

2 어묵 위에 갈색 밥 50g을 경사지게 비스듬히 얹는다. 갈색 밥이 왼쪽 김 위로 삐져나오도록 한다.

3 초록색 밥 50g을 오른쪽은 두껍게, 왼쪽은 얇게 얹어준다.

4 위에서부터 대발을 완전히 덮어 형태를 만든다. 양쪽 끝에 남은 여분의 김은 잘라낸다.

찐 어묵의 요철 부분에 밥이 확실히 들어가게 눌러준다.

1

2
50g

3 오른쪽은 두께 2cm
50g

4
두께 2cm

조 립

올리는 방식이 다르다!
폭 2cm
20g
산
20g
산 표면을 덮듯이 올려준다.

1 김 1장과 1/2장을 이어 중앙에 산을 올린다. 산 양쪽 옆에 분홍색 밥을 각각 20g씩 올리는데, 왼쪽에는 막대 모양으로, 그리고 오른쪽은 판 모양으로 얹는다.

20g

새의 날개 방향에 주의

25g 25g

2 왼쪽에 모양으로만든 오렌지색 밥 20g을 수평이 되도록 올린다.

3 좌우에 새 부분을 놓는다.

4 왼쪽에는 오렌지, 오른쪽에는 분홍색 밥을 각각 25g씩 올린다.

5 정상을 기준으로 양쪽에 오렌지색 밥과 분홍색 밥을 각각 20g씩 올린다.

각 20g
저녁놀
하늘
새
산
새

순서대로 쌓는다.

6 대발을 한쪽씩 덮고 김을 완전히 말아 준다. 산 모양이 위로 가게 김밥을 내려놓고, 대발을 그 위에 덮어 형태를 다듬는다. 김밥 측면을 평평하게 정돈한 뒤 4등분한다.

Chapter6 쌓아서 말아 보자 ❷
옥토끼

캐릭터 김밥은 귀여운 모양만 있는 것이 아니다. 달에 사는 옥토끼는 실루엣만 보이기 때문에 신비로운 분위기를 띤다. 황금빛 달은 계란과 단무지로 표현한다.

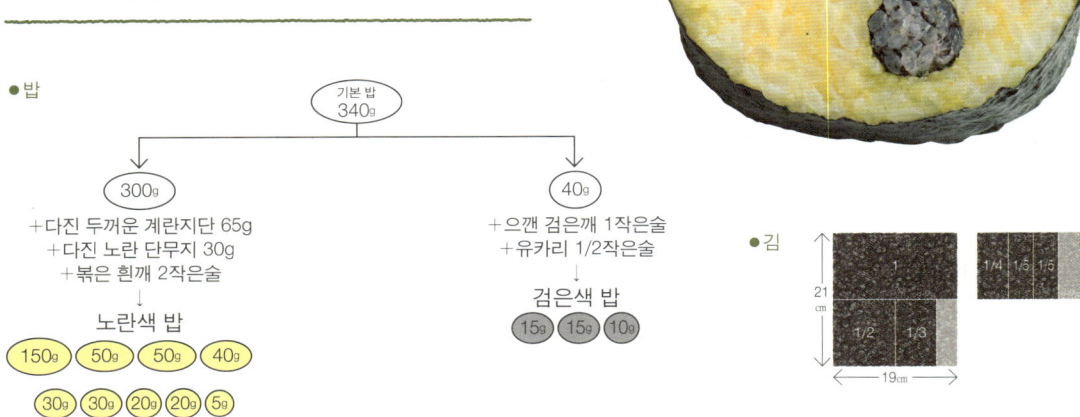

● 밥

기본 밥 340g

300g
+다진 두꺼운 계란지단 65g
+다진 노란 단무지 30g
+볶은 흰깨 2작은술
노란색 밥
150g 50g 50g 40g
30g 30g 20g 20g 5g

40g
+으깬 검은깨 1작은술
+유카리 1/2작은술
검은색 밥
15g 15g 10g

● 김
21cm × 19cm
1 / 1/4 / 1/5 / 1/5
1/2 / 1/3

개별 부분

귀×2
머리×1
몸통×1

귀
김 1/5장×2 + 검은색 밥 15g
검은색 밥 15g을 반으로 나눠, 김 위에 하나씩 올려놓고 각각 접는다. 김의 이음매와 밥의 가장자리를 칼로 잘라 단정하게 한다.

머리
김 1/4장 + 검은색 밥 10g
김 위에 밥을 올려놓고 길쭉하게 말아 준다. 밥풀로 이음매를 붙이고 둥글게 만든다.

몸통
김 1/3장 + 검은색 밥 15g
김 위에 밥을 올려 길쭉하게 말아 준다. 밥풀로 이음매를 붙이고 둥글게 만든다.

토끼 만들자

1 귀 부분 하나에 노란색 밥 5g을 바른다. 노란색 밥을 귀 사이에 끼운다는 생각으로 또 하나의 귀 부분을 옆에 붙인다.
2 눕혀 두었던 귀를 세우고 밑 부분을 누르면 V자 모양으로 귀가 만들어진다.
3 귀와 머리를 연결해서 옆으로 눕혀둔다.

4 귀와 머리 사이의 틈을 메우기 위해 노란색 밥 20g을 바른다.
5 몸통을 붙이고, 그 틈을 메우기 위해 노란색 밥 30g을 바른다.
6 반대편에도 노란색 밥을 머리 옆에 20g, 몸통 옆에 30g쓰 바른다.

조립

1 김 1장과 1/2장을 연결한다. 김을 좌우로 10cm씩 남기고 노란색 밥 50g을 펴 바른 뒤, 토끼를 그 오른쪽 끝에 놓는다.

2 대발을 손바닥에 올린다. 오른쪽에 노란색 밥 40g을 얹은 뒤 둥글게 만들어 간다.

3 왼쪽 부분에 노란색 밥 150g을 2번으로 나눠서 올린다.

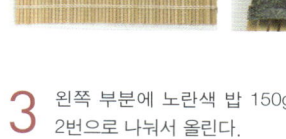
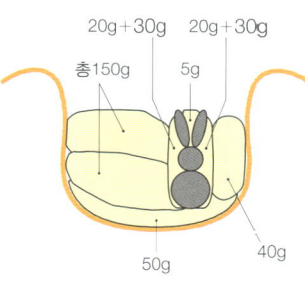

4 노란색 밥 50g을 균등하게 얹는다. 대발을 한쪽씩 덮고 김을 완전히 말아준다.

5 대발 끝 쪽으로 김밥을 옮겨 둥글게 모양을 다듬고, 김밥 측면을 평평하게 정돈한 뒤 4등분한다.

Chapter6 쌓아서 말아 보자 ❸

달맞이 경단

경단은 제1장의 복습이다. 검은색 밥으로 만든 밤하늘과 김과 계란지단으로 만든 억새풀은 말로 표현할 수 없을 정도로 운치 있는 정취를 느끼게 한다. 캐릭터 김밥의 표현력을 느낄 수 있게 하는 작품이다.

● 밥

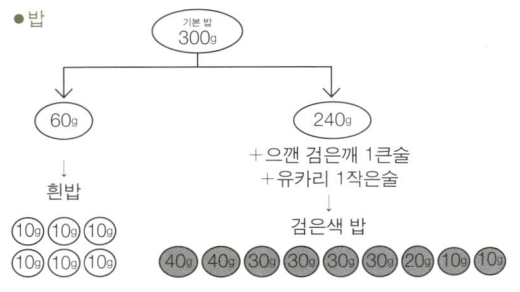

● 재료
두꺼운 계란지단(3.5×1×10cm, 2.5×2×10cm) … 각 1개
얇은 계란지단(10×10cm) … 6장

● 김

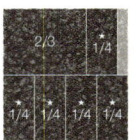  

21cm × 19cm
2×15cm 2장
※1/4 크기 5장은 억새풀에 쓰임

개별 부분

달맞이 경단 ×6

제기(상·하)×각 1

억새풀 ×1

달맞이 경단
(김 1/4장+흰밥 10g)×6
김 위에 흰밥을 올려놓고 길쭉하게 만다. 총 6개를 만든다. 대발에 2줄씩 나란히 올려놓고 둥글게 만다.

제기
(상) 김 1/2장+두꺼운 계란지단(3.5×1×10cm)
(하) 김 1/2장+두꺼운 계란지단(2.5×2×10cm)
김으로 두꺼운 계란지단을 각각 싸준다.

억새풀
김 1/4장×5+얇은 계란지단
얇은 계란지단 6장을 겹쳐 올린다. 그런 다음 계란지단을 반으로 나누고, 오른쪽 부분 사이사이에 김을 끼워 넣는다. 위에서 가볍게 눌러 서로 잘 밀착되게 한다.

달맞이 경단을 올린 제기

1 도마에 2cm 폭의 김 2장을 놓고, 경단을 3개, 2개, 1개 순으로 쌓은 뒤, 띠처럼 둘러 준다. 띠 끝 부분은 밥풀로 붙인다.
2 제기 하단의 양쪽 옆에 검은색 밥을 각각 10g씩 막대 모양으로 만들어 붙인다.
3 상단을 올리면 제기가 완성된다. 그 위에 1의 경단을 놓는다.

1   2 각10g   3

조립

1 김 1장과 2/3장을 연결하고 달맞이 경단을 올린 제기를 중앙에 놓는다. 그 양쪽 옆에 검은색 밥을 30g씩 펴 바른다.

2 양쪽에 검은색 밥을 30g씩 깔아준다.

두 번째 단의 높이까지 각 30g

3 검은색 밥 40g으로 덮어준 다음 전체를 둥글게 만든다.

40g
※터널 같은 모양이 되도록 덮는다.

순서대로 쌓는다.

4 억새풀 끝을 5mm 정도 잘라내고, 곡선에 맞춰 왼쪽부터 사진처럼 억새풀을 올린다.

억새풀
경단
제기

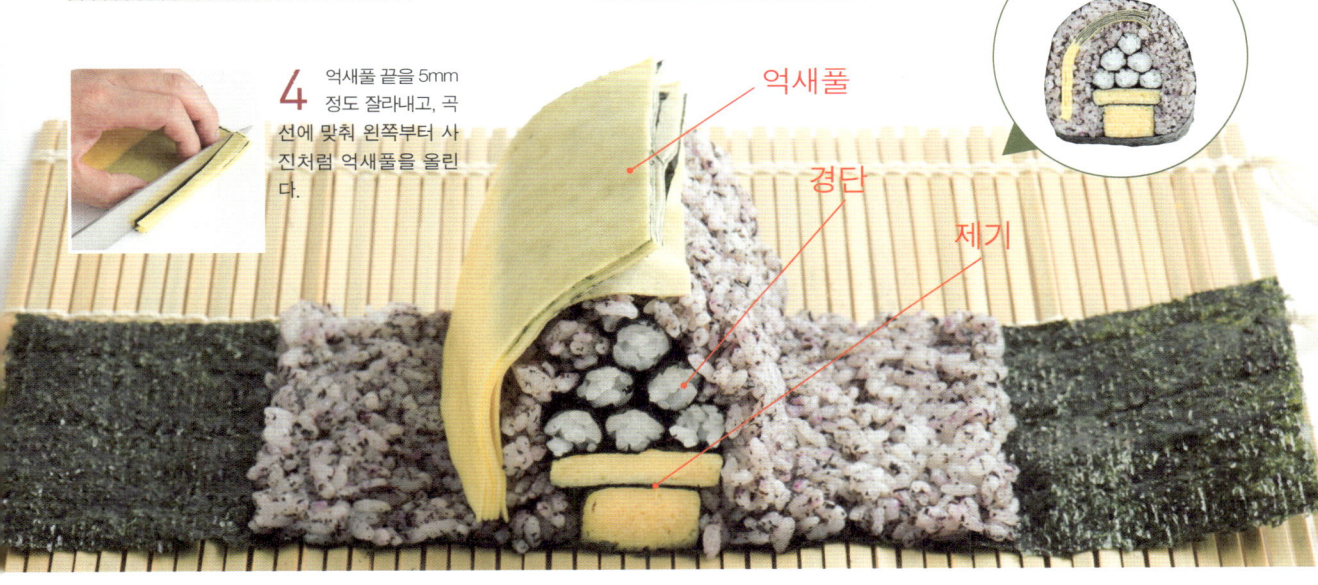

5 도마 위에서 검은색 밥 40g을 직사각형으로 만든다.

6 대발을 손바닥에 올려놓고 윗부분을 누르며 둥글게 만들어 간다. 왼쪽 밥이 억새풀과 딱 붙었을 때, 5를 억새풀 위에 올려준다.

7 검은색 밥 20g을 얹어서 오른쪽 윗부분에 난 틈을 메우고 둥글게 다듬는다. 그런 다음 대발을 한쪽씩 접어 김을 완전히 덮는다. 이음매를 위로 향하게 두고 대발을 덮어 터널 형태로 만든 다음, 측면을 평평하게 정돈하고 4등분한다.

20g 올린다.

※ 보름날 밤에는 앞 페이지에서 소개한 옥토끼 김밥 함께 만들어 장식해 보자.

Chapter6 쌓아서 말아 보자 ❹

도미

축하 파티에 빠지지 않는 '도미' 장식을 만들어 보자. 비늘은 38페이지의 포도 만들기처럼 '작은 동그라미 말기' 기술을 활용하면 된다. 우스꽝스러운 표정과 섬세한 비늘 표현이 매력적이다.

● 밥

기본 밥 295g
- 220g +오보로 20g → 분홍색 밥 80g, 20g×8
- 70g +연어 알 10g +볶은 흰깨 1작은술 → 빨간색 밥 80g
- 5g 흰밥

● 재료
- 찐 어묵(얇게 썬 것) … 1개
- 어육 소시지(길이 10cm) … 1개
- 도미 회(얇게 썬 것) … 8장

● 김

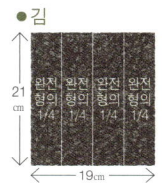  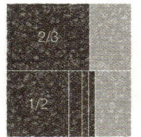 

21cm / 19cm / 완전형의 1/4 ×4 / 완전형의 1/4 ×4 / 2/3, 1/2, 폭 2cm / 1, 2/3, 폭 1cm 2

개별 부분

비늘×16
눈×4
눈×4 머리+입×1

비늘 (김 1/4장+분홍색 밥 20g)×8
김 위에 분홍색 밥을 길쭉하게 올려놓고 대발로 만다. 총 8줄 만들어 대발에 2줄씩 세로로 올리고 타원형으로 만든 다음 반으로 자른다.

머리 김 2/3장+분홍색 밥 80g
김 중앙에 밥을 쌀가마니 모양으로 만들어서 올려놓고 둥글게 만다. 대발을 양손으로 누르면서 각지지 않은 삼각형으로 만든다. 꼭대기 부분을 깊이 1.5cm 정도로 비스듬하게 칼집을 낸 뒤 그 사이에 입을 끼운다.

입 김 폭 2cm+흰밥 5g
김에 흰밥을 꽉차게 올려놓고 대발을 반으로 접는다.

칼집 2줄

꼬리
김 1/2장, 1cm 폭+어육 소시지
어육 소시지를 그림처럼 자른다. 그림처럼 폭이 넓은 쪽에서부터 2줄의 칼집을 1.5cm 정도로 낸다. 그 사이에 1cm 폭의 김을 끼워 넣고, 김 1/2장으로 감싼다.

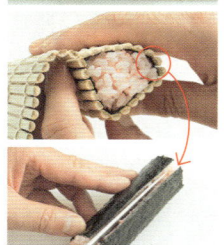

눈 ※ 총 4장
흰자 … 한 개의 찐 어묵을 원형이 되도록 4개 자른다.
검은자 … 남은 김을 김 전용 펀치나 가위를 이용해 자른다.
※ 완성 단계에서 자른다.

조립

1. 김 1장과 2/3장을 연결한다. 중앙에 비늘을 6개, 5개, 3개, 2개씩 쌓는다. 비늘 왼쪽에 머리, 오른쪽에 꼬리를 각각 놓는다.

거꾸로 쌓는다.

입이 바깥쪽을 향하게 놓는다.

입 / 머리 / 비늘 / 꼬리

2. 대발을 손바닥에 올려놓고 윗부분을 눌러 둥글게 쥔다.

3. 도미 회를 머리와 비늘 위에 골고루 얹는다.

4. 빨간색 밥 80g을 골고루 얹어주고 대발을 조금씩 둥글게 모아 쥔다. 대발을 한쪽씩 접어 김을 완전히 덮는다.

5. 김밥을 대발 끝 쪽으로 옮겨 터널 형태로 만들고 측면을 평평하게 다듬는다. 4등분한 뒤 눈을 붙인다.

좌우 비대칭이므로 김밥 앞면과 뒷면의 얼굴 방향이 다르다. 위 사진과 같이 서로 마주보는 것처럼 장식해도 좋다.

Chapter6 쌓아서 말아 보자 ❺

축하

이번에는 난이도를 높여 글자 만들기에 도전해 보자. 김으로 감싼 박고지로 곡선, 직선 등을 자유자재로 만들 수 있다. 축하를 위한 '축(祝)' 자에 도전해 보자!

● 밥
기본 밥 290g
↓
흰밥
100g 40g 30g 20g 15g 10g
       40g   20g 15g

● 재료
두꺼운 계란지단(2.5×1.5×10cm) … 1개
볶은 흰깨 … 적당량
생선가루 … 10g
박고지 조림(길이 10cm) … 7줄 (폭은 아래 참조)
※ 미리 조림장에서 꺼내 말려둔다.

● 김

글자 말기에 빠질 수 없는 박고지 마는 법

● 사전 준비 박고지는 키친타월 위에 1장씩 펼친 뒤 그 위에 키친타월 한 장을 더 올려 눌러 준다. 즙이 확실하게 타월에 흡수될 수 있도록 한다.

● 김으로 말기 박고지를 지정된 폭으로 펼친 뒤 김으로 감싸듯이 접고, 이음매가 아래로 향하게 한다. 김의 기준 사이즈는 (완성 사이즈×2)+여분 1cm이다.

왼쪽 글자 '礻' [礻, 보일 시 변]
김 폭 3cm, 폭 4cm, 폭 5cm, 폭 6cm×2 +박고지
A~E 모두 박고지를 김으로 싸서 이음매가 아래로 향하게 둔다.

개별 부분

오른쪽 글자 '兄' [兄, 형 형]
김 1/2장, 폭 7cm, 폭 9cm+박고지 + 두꺼운 계란지단
각각 F는 두꺼운 계란지단을, G와 H는 박고지를 김으로 감싸서 이음매가 아래로 향하게 둔다.

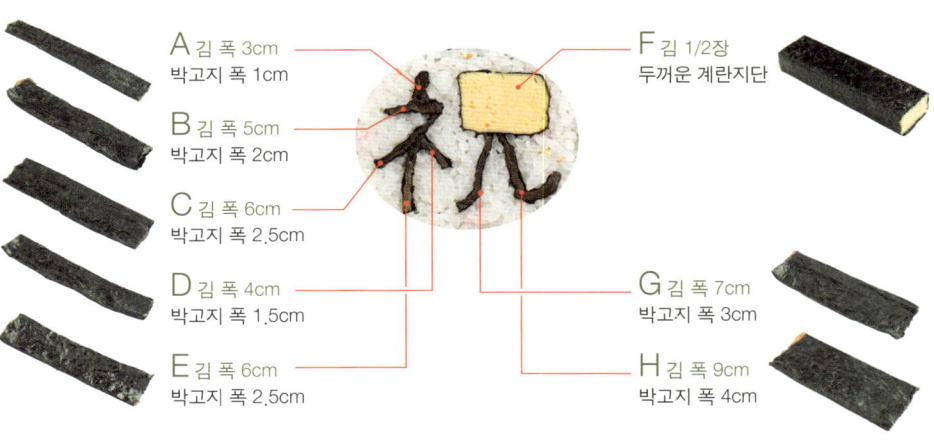

A 김 폭 3cm
박고지 폭 1cm

B 김 폭 5cm
박고지 폭 2cm

C 김 폭 6cm
박고지 폭 2.5cm

D 김 폭 4cm
박고지 폭 1.5cm

E 김 폭 6cm
박고지 폭 2.5cm

F 김 1/2장
두꺼운 계란지단

G 김 폭 7cm
박고지 폭 3cm

H 김 폭 9cm
박고지 폭 4cm

변[礻] 만들기

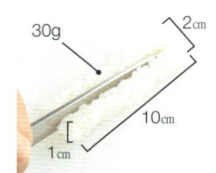
30g, 2cm, 10cm, 1cm

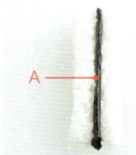
A

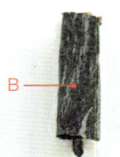
B

1 흰밥 30g으로 폭 2cm, 길이 10cm, 두께 1cm의 길쭉한 직사각형 모양을 만든다. 칼로 세로를 반으로 눌러서 가른 후 그 사이에 A를 끼운다. 그 위에 B를 얹는다.

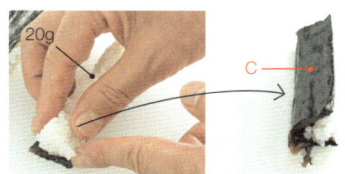 

2 C에 흰밥 20g을 삼각형 모양으로 올린다. 왼쪽으로 90도 회전시켜 B 위에 올린다(김이 있는 면이 비스듬하게 위로 오게 한다).

3 D에 흰 밥 10g을 삼각형으로 만들어 올리고 C와 뾰족한 부분이 맞닿게 한다.

4 흰밥 40g을 삼각형으로 만들어 C와 D 사이에 얹고 전체를 사각형으로 만든다.

5 중앙에 칼집을 넣어 C와 D가 맞대고 있는 부분까지 E를 끼워 넣는다. 이렇게 해서 '보일 시 변'을 완성한다.

형[兄]자 만들기

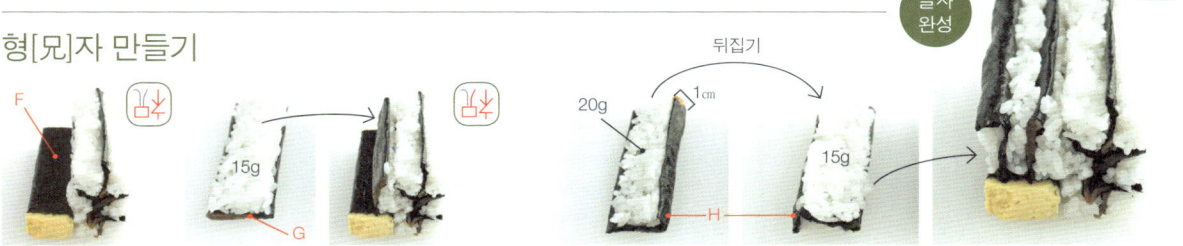

1 F를 '보일 시 변' 옆에 놓는다. G에 흰밥 15g을 오른쪽이 살짝 높도록 올리고 '보일 시 변'에 댄다.

2 흰밥 20g을 H의 단면 중 오른쪽 1cm를 남겨 올리고 끝을 밥 쪽으로 접는다. 뒤집어서 흰밥 15g을 올린다. 접은 부분이 바깥쪽으로 가게 해서 F의 위에 올린다. 좌우를 가볍게 눌러 형태를 다듬는다.

조립

1 김 1장과 1/2장을 연결하고 그 위에 흰밥 100g을 골고루 펴 바른다. 대발 방향을 가로로 돌려 오보로와 참깨를 뿌린다. 그 중앙에 글자를 거꾸로 놓는다.

2 대발을 손바닥에 올려놓고 윗부분을 누르면서 둥글게 쥔 뒤, 흰밥 40g을 올린다. 대발을 접어 김을 완전히 덮는다. 김의 이음매가 아래로 향하게 두고 대발을 덮어 사각으로 다듬는다.

'축(祝)' 자는 좌우대칭이 아니다.

자르는 방법에 주의! 이 상태로 자르면, 처음 자른 부분은 글자가 거꾸로 보인다. 글자가 제대로 보이는 면의 끝을 1cm 정도 잘라내서 반듯하게 한 뒤 4등분으로 잘라 준다.

초밥이모저모 ④

여우 유부초밥

새콤하고 달콤하게 졸인 유부에 밥을 채워 넣은 '유부초밥'의 새로운 형태이다. 유부는 아마도 여우가 가장 좋아하는 음식이 아니었을까? 너무 좋아한 나머지 자기 자신이 유부초밥이 되었을지도 모른다!

● 재료 (10개)
유부 피 ⋯ 10장
기본 밥 ⋯ 400g
볶은 흰깨 ⋯ 2큰술 ※ 밥에 흰깨를 섞어 10등분으로 나눈다.
김 ⋯ 조금 ※ 김 전용 펀치로 눈과 코를 자른다.

1 유부피의 입구를 벌린다.

2 밥을 삼각형으로 만든 뒤, 유부피 안에 채워 넣는다. 이때 너무 안쪽까지 밥을 밀어 넣지 않도록 한다.

3 입구 양쪽 끝을 앞으로 오게 한 뒤, 삼각형으로 접는다.

유부를 맛있게 졸이는 법

● 재료 (10개)
유부 ⋯ 5장
물 혹은 육수 ⋯ 2컵 / 굵은 설탕 ⋯ 70g
술, 미림 ⋯ 각 30ml / 간장 ⋯ 50ml

● 만드는 법
1 유부를 가로로 반으로 자른다. 유부초밥용 유부라면 그대로 사용하고, 일반 유부를 사용할 경우는 반으로 자르기 전에 긴 젓가락을 사용해 봉투 형태로 연다. 뜨거운 물에 10분 정도 담가 기름을 빼고 바로 찬물에 씻어 가볍게 짜준다.
2 냄비에 물 혹은 육수와 굵은 설탕을 넣고 불에 녹인 뒤, 나머지 조미료 넣는다.
3 국물이 끓기 시작하면 유부를 넣고 뚜껑이나 키친타월을 덮어 약한 불에서 약 30분간 졸인다.
4 조림장에 담근 채로 식히고 조림장을 가볍게 짜낸다. 이렇게 해 두면 냉장고에서 2~3일간 보관도 가능하다.

4 양쪽 끝을 손으로 꽉 쥐고 앞으로 일으켜 세운다. 여우의 귀가 완성.

5 꼬치를 사용해 눈과 코를 붙인다.

캐릭터 김밥의
기본 A~Z

이 장에서는 밥이나 김 등을 사용하는 방법이나 김밥을 손쉽게 마는 요령 등, 기본적인 기술들을 정리해 보았다. 김밥을 만들기 전에 먼저 꼼꼼히 읽어 보면 도움이 될 것이다.

기본 ❶ **맛있는 밥 짓기**

맛 좋은 캐릭터 김밥 만들기는 밥 짓기에서부터 시작된다. 씹는 느낌이 좋은 따뜻한 밥에 절묘하게 균형을 이룬 배합초를 넣고 주걱으로 밥을 섞어준다.

Step1 **밥 짓기**

특별한 쌀을 사용할 필요도 없다. 가정에서 일반적으로 먹는, 적당한 끈기가 있고, 식감이 좋은 쌀이면 충분하다. 단 햅쌀은 수분이 다소 많은 편이기 때문에 밥을 너무 많이 뒤섞으면 으었을 때 끈적거리게 된다. 그러면 밥을 펴 바르기가 어려워지므로 너무 많이 뒤섞지 않도록 한다. 양이 적을 경우는 2분 이내, 많을 경우는 3분 이내에 섞는 것이 가장 좋다.

\ 알아 둡시다! /

쌀 1합(=180ml 한 컵 분량, 생쌀로 140~150g) 분량으로 밥을 지으면 밥은 총 300g 정도가 된다.
→ 딱 캐릭터 김밥 1개 분량

쌀을 씻고 알맞은 양의 물에 10분간 불린 뒤 밥을 짓는다. 배합초를 섞기 때문에 물은 보통 때보다 조금 적게 해서 약간 된 밥이 되게 한다.

\ 알아 둡시다! /

쌀 1합에 물 180ml, 즉 쌀1 : 물1이 기본이다. 햅쌀일 때는 물을 10% 정도 줄이고, 묵은 쌀일 때는 10% 정도 늘린다(쌀의 상태에 따라 달라지기 때문에 한 번 지어본 후에 양을 조절한다).

Step2 **배합초 준비**

식초에 소금과 설탕을 섞은 것이 배합초이다. 잘 녹지 않는 소금을 먼저 넣고, 그 다음에 설탕을 넣어 만든다. 식초는 쌀 식초, 곡물 식초, 과실 식초 등이 있다. 사용하는 재료에 따라 식초의 종류나 배합초(101페이지 참조)의 비율을 조절한다.
밥이 다 지어지기 30분 전에는 배합초를 만들어 식초와 조미료를 잘 섞어 둔다. 배합초는 많이 만들어 둔 뒤에 보관해 둬도 된다.

Step3 **밥과 배합초 섞기**

밥이 완성되면(뜸 들이는 시간 포함) 배합초를 골고루 섞어 준다. 초밥 전문점에서는 밥이 지어지고 20분 정도 지난 후에 섞는다. 쌀은 뜨거울 때만 식초를 흡수하기 때문이다. 반대로 갓 지은 밥은 끈기가 너무 강해 뜸을 충분히 들이지 않으면, 밥이 끈덕지게 되어 배합초를 섞기가 어려워진다. 가정용 밥솥은 뜸 들이는 시간까지가 완성 시간에 포함되기 때문에, 신호음이 울리면 섞어준다.

❶ 볼에서 만드는 밥

볼과 넓은 접시가 있으면 초밥용 밥통과 마찬가지로 맛있는 밥을 만들 수 있다.

1 밥이 다 지어지면 곧바로 밥통에 든 밥에 배합초를 골고루 돌려가면서 뿌린다.

2 밥통을 거꾸로 뒤집어 볼에 밥을 전부 옮긴다(위아래가 완전히 바뀜으로써 바닥에 있던 배합초까지 완전히 섞인다).

3 주걱으로 위쪽부터 밥을 흩뜨리며 가로세로로 재빨리 섞은 뒤, 밥을 뒤집으며 뒤섞어준다. 20번 정도 반복해서 배합초가 잘 섞이게 한다.

4 덩어리가 없어지면 평평하고 넓은 접시에 여러 번 나눠서 전부 옮기고 재빨리 밥을 넓게 편다. 볼에 넣은 채로 오랜 시간이 경과하면 아래쪽 밥이 딱딱해진다.

5 부채로 부채질을 하면서 잔열을 식힌다. 밥알 사이사이에 바람을 통하게 하면 밥이 부드럽게 부풀어 오른다.

6 밑에 있는 밥을 퍼 올리듯이 해서 위아래를 완전히 섞어주고 계속해서 부채질을 한다. 다시 볼에 넣어 밥을 한쪽으로 모은 뒤, 그 위에 젖은 행주를 덮는다.

❷ 초밥용 밥통에서 만드는 밥

5합(合) 이상일 경우는 초밥용 밥통이 편리하다. 초밥용 밥통과 주걱은 물로 적셔 닦은 후에 마른 행주로 물기를 말끔히 닦아 둔다.

1 밥이 다 지어지면, 곧바로 밥솥을 거꾸로 뒤집어 초밥용 밥통에 밥을 담는다. 이어 적정량의 배합초를 골고루 돌려가면서 뿌린다.

2 주걱을 세워 쥐고 바깥쪽으로 펴 나간다.

3 주걱을 가로로 쥔 채 밥 아래로 넣어, 재빨리 밥을 뒤엎으면서 왼쪽으로 옮긴다.

4 주걱을 세워 잡고 밥을 왼쪽으로 모아, 오른쪽에는 밥을 옮길 공간을 만들어둔다. 초밥용 밥통을 180도 회전시킨다.

5 주걱을 가로로 쥐고, 밥 사이를 가르듯이 오른쪽에서 왼쪽으로 조금씩 옮기면서 밥을 흩뜨려 섞는다. 완전히 다 섞은 후 초밥용 밥통을 다시 180도 회전시켜, 반대쪽에서도 똑같이 조금씩 옮기면서 밥을 흩뜨려 섞어 준다.
※ 밥이 5합 이상일 경우는 3~5를 한 번 더 반복한다.

6 완전히 섞은 뒤, 주걱과 밥통에 붙은 밥을 젖은 행주로 닦아내고 밥을 평평하게 편다.

7 부채질로 잔열을 식혀 준다.

8 주걱을 사용해 밥을 상하로 뒤엎으며 마지막 잔열을 식힌다. 부채질을 한다.

9 마지막으로 밥을 밥통 한 쪽편에 모은다. 초밥용 밥통 위에 젖은 행주를 덮어 마르지 않도록 하고, 남아있는 수증기를 흡수하게 한다.

4종류의 배합초

쌀	산뜻한 맛			표준			단맛			강한 단맛		
	소금 (g)	설탕 (g)	쌀 식초 (ml)	소금 (g)	설탕 (g)	쌀 식초 (ml)	소금 (g)	설탕 (g)	쌀 식초 (ml)	소금 (g)	설탕 (g)	쌀 식초 (ml)
1합	4	8	25	4	10	25	4	12	25	5	12	27
2합	8	16	50	8	20	50	8	24	50	10	24	54
3합	12	24	75	12	30	75	12	36	75	15	36	81
4합	16	32	100	16	40	100	16	48	100	20	48	108
5합	20	40	125	20	50	125	20	60	125	25	60	135
6합	24	48	150	24	60	150	24	72	150	30	72	162
7합	28	56	175	28	70	175	28	84	175	35	84	189
8합	32	64	200	32	80	200	32	96	200	40	96	216
9합	36	72	225	36	90	225	36	108	225	45	108	243
1승	40	80	250	40	100	250	40	120	250	50	120	270
비고	해물류나 맛이 진한 식재료. 주먹밥이나 동글이 초밥에 어울림.			전부 사용 가능. 마요네즈를 사용하는 캘리포니아 롤에도 어울림.			일본 관서지방에서 인기 있는 맛. 살짝 단맛을 좋아하는 분들이나 아이들 취향에 맞음.			속재료가 주로 야채이거나, 속재료에 비해 밥의 양이 많을 때 좋음.		

밥에 색깔 내기 위한 응용 방법

기본 밥에 식재료를 더해 만드는 색깔 밥은 캐릭터 김밥을 만드는데 빼놓을 수 없는 재료이다. 색깔도 예쁘고 맛도 있는 색깔 밥 만들기를 소개한다.

흰밥

흰깨는 볶지 않고 사용하면 더욱 하얗게 만들 수 있다. 기본 밥에 흰 단무지, 혹은 무절임과 흰깨를 더해 흰밥을 만든다. 겉보기에는 그냥 보통의 밥처럼 보이지만 먹어 보면 씹는 맛도 있고 풍미도 살아 있다. 단무지나 무절임은 채를 썰거나 다지듯 썰어 준다.

노란색 밥

두꺼운 계란지단을 잘게 썰어 밥에 넣는다. 칼을 사용하는 대신 비닐봉투에 계란을 넣어 손으로 주무르기만 해도 계란이 적당히 뭉개져서 밥과 잘 섞인다. 선명한 노란색이기 때문에 병아리와 같은 귀여운 캐릭터 김밥을 만들 때 안성맞춤이다. 잘게 썬 단무지나 흰깨를 섞어주면 씹는 맛도 깊은 색깔 밥을 만들 수 있다.

분홍색 밥

흰살 생선(도미나 대구 등)에 조미액을 더해 졸인 다음, '오보로'를 넣어주면 예쁜 분홍색 밥이 된다. '생선조림 가루'와 똑같지만, 감칠맛이 강하고 밥이 잘 뭉쳐지지 않는다. 그래서 캐릭터 김밥에는 '오보로'를 사용하는 것이 좋다. 그 밖에 밥에 분홍 초생강을 잘게 썰어 넣어도 옅은 분홍색을 띤 밥을 만들 수 있다.

초록색 밥

밥에 파래 가루와 마요네즈를 소량 첨가한 것이 대표적이다. 성인의 입맛에 맞추기 위해서는 이 밥에 초록색 날치 알(고추냉이 맛)을 더해 준다. 그 밖에도 무청절임 등을 잘게 썰어 넣은 초록색 밥도 맛있다.

오렌지색 밥

'날치 알'을 섞는다. 날치 알은 캘리포니아 롤과 같은 누드 김밥에 빼놓을 수 없고, 외국인들에게도 인기가 높다. 입 안에서 톡톡 깨지는 식감이 일품이다. 이 책에서는 할로윈의 상징인 호박 등불, 귤의 열매, 눈 덮인 산의 야경 등에 응용했다. 넣는 양에 따라 다양한 표현을 할 수 있다는 것이 매력이다.

기본 ❷ 김 준비

캐릭터 김밥에는 잘 구워진 김을 사용한다. 말기 전에 각 페이지의 '김의 그림'을 보고 자른다. 또 눅눅해지지 않도록 식품용 건조제가 들어간 캔이나 지퍼백 등에 넣어둔다.

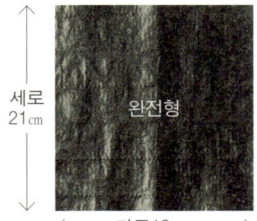

캐릭터 김밥에 사용하는 김의 크기

김의 크기는 세로 21cm×가로 19cm로 규격이 정해져 있다. 이것이 가장 일반적인 '완전형'이다(제조업체나 생산지에 따라 조금은 달라질 수 있다.).

김의 앞면과 뒷면을 정확히!

김에는 앞면과 뒷면이 있다. 그림처럼 앞면을 펼쳐 옆에 두고 확인하면서, 대발 위에 김의 앞면이 아래로 향하게 놓는다. 그러면 김의 뒷면에 밥을 얹게 된다.

앞면: 반들반들한 광택이 있다.   뒷면: 광택이 없고 까칠까칠하다.

김 자르기

캐릭터 김밥에 자주 쓰이는 크기

캐릭터 김밥에 사용하는 김을 효율적으로 사용할 수 있도록 재료 부분에 '김 그림'을 게재했다. 이 책에서 소개하는 캐릭터 김밥은 모두 완전한 김을 반으로 자른 것으로 세로 길이가 10.5cm이다. 이는 완전한 김의 1/2 크기가 만들기 쉽고 먹기 좋은 크기라고 고려한 것이다. 이렇듯 완전형을 세로로 반 자른 10.5×19cm 크기가 캐릭터 김밥의 기본 크기이다. 이를 본문에서는 '김 1장'으로, 완전형 그 자체를 사용할 경우는 '완전형 1장'이라고 표기했다.

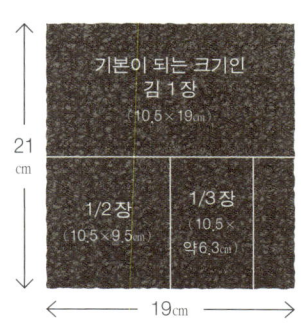

기본인 [김 1]은 손으로 자른다.

1 김 앞면이 바깥쪽으로 오게 들고 긴 변(21cm)을 반으로 접어 선을 만든다.
2 일단 접은 것을 다시 펼쳐 이번에는 뒷면으로 뒤집어 반으로 접는다. 뒷면에도 선을 만든다.
3 앞·뒷면에 접는 선을 만들어 두었기 때문에 손으로도 깔끔하게 자를 수 있다.

더 세세하게 자를 때는 칼로 자른다.

1 잘 마른 도마에 김을 올려놓고 칼등 끝에 손을 얹는다.
2 식칼 끝을 손으로 고정시킨 채 식칼의 날 전부를 사용해 한 번에 눌러 자른다.
3 날 끝으로 김을 자르면, 칼에 걸려 자른 면이 깔끔하지 않다.

김 펀치로 자르기

눈이나 입 등 얼굴의 세세한 부분을 만들 때는 김 전용 펀치를 사용하는 것이 좋다. 남은 김을 버리지 말고 모아 뒀다가 사용하자. 눅눅해지지 않도록 마무리할 때 잘라서 붙인다.

기본 ❸ ## 얇은 계란지단 만들기

얇은 계란지단은 김 대신 사용할 수도, 얇게 썰어 밥에 섞는 등 속재료나 토핑으로 사용할 수도 있다. 쌀가루를 첨가하면 지단이 균등하게 펴지고, 잘 타지도 않는다.

재료(조금 두껍게 21cm 정사각형 3장)
계란 … 4개
노른자 … 4개
A
│ 설탕 … 2큰술 조금 안되게(12g)
│ 쌀가루를 물에 녹인 것 … 쌀가루 2큰술, 물 4작은술
│ 술 … 각 1큰술
│ 소금 … 1작은술

식용유 … 1작은술

1 볼에 계란을 풀고 A를 넣어 거품이 나지 않도록 요리용 젓가락으로 잘 저어준다. 계란 부침기에 식용유를 둘러 중간 불로 달구고, 키친타월로 식용유를 닦으면서 식용유를 고루 두른다.

2 약한 불로 바꾸고 색을 국자로 떠서 팬에 한 국자 양만큼 붓는다.

'살짝 두껍게' 할 경우

3 풀어놓은 계란(A)이 균등하게 프라이팬 전체에 퍼지도록 한 뒤 팬을 돌리면서 불을 쪼인다.

4 계란 가장자리가 익으면 모퉁이 부분에 나무젓가락을 넣는다. 나무젓가락 끝을 깊숙이 넣어 젓가락에 계란을 걸치는 느낌으로 살짝 들춘다.

5 나무젓가락으로 조심스럽게 들추면서 반대쪽 가장자리까지 끌고 간다. 나무젓가락이 반대쪽까지 닿으면 살짝 들어 올린다.

6 이 상태에서 계란 밑 부분을 건너편으로 뒤집듯이 놓고, 그대로 젓가락을 몸 쪽으로 천천히 가져오면서 계란지단을 뒤집는다.

7 15초 정도 지난 뒤에 계란 부침개를 불이 없는 곳으로 옮긴다. 그 위에 대발을 덮는다(초록색이 나는 겉면이 위로 오도록 한다).

8 대발을 손으로 눌러 잡고 계란 부침개를 그대로 뒤엎으면 계란지단 완성.

'얇게' 할 경우

3 풀어놓은 여분의 계란(A)을 국자에 따라서 옮긴다.

4 계란 가장자리가 익으면 쇠꼬챙이 등(나무젓가락은 너무 두꺼워 찢어질 우려가 있음)을 조심스럽게 돌려가면서 반대편 가장자리까지 일직선으로 끌고 간다.

5 쇠꼬챙이를 조심스럽게 들춰낸다.

기본 ❹ **색깔별 속재료** 새로운 캐릭터를 만드는 데 있어서 빼놓을 수 없는 것이 바로 다양한 속재료이다. 그냥 먹어도 맛있는 속재료를 색깔별로 소개하려고 한다.

✤ 여러분 주위에 있는 갖가지 색깔의 음식 재료를 사용해 보는 것을 추천한다. 쉽게 구할 수 있는 것은 물론, 새로운 맛을 낼 수 있을 것이다.

알레르기 일으킬 수 있는 식재료는 잊지 말고 체크한다.
캐릭터 김밥에는 계란이나 찐 어묵, 연어 알 등의 식재료를 자주 사용한다. 그런데 이들 식재료는 알레르기 특정원재료(7품목) 및 이에 준하는 18품목에 들어간다. 또한 시판되는 생선가루에는 일반인이 쉽게 알 수 없지만, 계란 흰자가 포함되어 있는 경우도 많다. 요리교실을 열기 전에는 물론이고, 완성한 캐릭터 김밥을 나눠줄 때에도 알레르기를 일으킬 수 있는 식재료에 대해 꼭 알려줘야 한다.

기본 ❺ **캐릭터 김밥에 사용하는 도구** 여기서는 캐릭터 김밥에 필요한 도구의 종류를 소개한다. 요리를 시작하기 전, 도구들을 모두 작업대 위에 올려두고 준비한다.

초밥용 밥통, 주걱, 부채

초밥용 밥통은 지어진 밥을 김밥용으로 만들 때 사용하는 목제 통을 말한다. '대야(반다이)' 또는 '밥 섞는 통(메시키리)'라고도 한다. 나무 재질이라 남아있는 수분을 흡수하기 때문에, 반들거리고 식감이 좋은 밥을 완성하는 데 적격이다. 주걱은 밥을 뒤섞는 데 부채는 잔열을 식히는 데 사용한다.

주방용 저울

모양을 정확히 표현하기 위해서는 밥을 10g, 15g 등으로 정확히 재야한다. 눈대중하는 대신 가까이에 저울을 두고 작업하는 것이 좋다.

앞면

뒷면

대발

초록색을 띠는 폭이 앞면이다. 이 면이 위로 향하게 두고 김이나 밥을 올린다. 대발의 실매듭은 몸 쪽이 아닌 건너편 쪽으로 가게 놓는다. 이렇게 하면 말 때 끈이 말려 들어가는 것을 막을 수 있다. 작업 중에는 대발이 젖지 않도록 해야 한다. 그렇지 않으면 김이 눅눅해진다. 만일 대발이 젖어 있을 경우, 키친타월이나 행주 등으로 물기를 닦아준다. 사용 후에는 밥풀 등을 깨끗이 수세미로 닦은 뒤 통풍이 잘 되는 곳에서 말린다.

부엌칼과 도마

김밥을 자르는 칼은 날의 두께가 가늘고 긴 것이 좋다(생선회 칼, 만능 식칼, 긴 과도 등). 김밥을 만들 때는 식초나 소금 등을 사용하기 때문에, 칼을 씻지 않고 두면 녹슬기 쉽다. 반드시 꼼꼼히 닦아준다. 도마는 큰 사이즈의 플라스틱 재질을 추천한다. 김은 반드시 완전히 건조된 도마에서 자른다.

자

김을 자르거나 김 위에 올린 밥의 폭이나 속재료 등을 잴 때 사용한다. 길이는 30cm 정도면 좋다. 눈금이 표시되어 있는 도마도 편리하다.

행주

행주를 적재적소에 사용하면 작업이 원활해진다. 물에 적신 뒤 물기를 짜낸 행주와 마른 행주를 준비해 둔다.

젖은 행주 사용법 물로 잘 씻어서 항상 청결하게 해 둔다.

마른 행주

김밥 한 줄을 말 때마다, 혹은 말고 난 후에 대발에 묻은 밥풀이나 김을 닦아내는 데 사용한다.

사용법 1: 옆에 두고 손끝 등 손에 묻은 밥을 떼는 데 사용한다.

사용법 2: 볼에 붙은 밥을 뗄 때 사용한다. 건조 방지를 위해 밥 위를 덮기도 한다.

사용법 3: 도마를 청결하게 닦을 때 사용한다.

사용법 4: 식칼을 깨끗하게 닦는 데 사용한다.
 ※ 칼날은 꼭 바깥쪽으로 향하게 한 뒤, 손잡이 쪽부터 쭉 닦아준다.

기본 ❻ **꼬마 김밥 만들기 요령**

캐릭터 김밥을 잘 만들기 위해서는 꼬마 김밥을 기본으로 해서 밥을 펴 올리는 법, 마는 법, 자르는 법 등을 완벽히 익혀둔다. 다음의 방법들은 캐릭터 김밥에 자주 사용되는 기본이다.

① 김을 놓는다.

대발은 세로로 놓고 김은 가로로 올린다(대나무 결을 따라 평행으로).

김은 대발의 결 방향과 반대인 세로로 놓는다.

대발 앞쪽 끝과 김이 일치하게 놓는다.

가까운 곳에 '수초'를 놓아 둔다.

맨손으로 밥을 잡으면 손가락 사이에 밥이 달라 붙는다. 이를 막기 위해 수초를 사용한다. 물에 식초를 10% 섞은 것이다. 손가락을 살짝 담그고, 그 수초로 손바닥 전체와 손가락 사이까지 적신다. 전문가들도 이 작업은 절대 빼먹지 않는다. 수초를 너무 많이 적시면 밥이 질퍽해지기 때문에 주의한다. 손에 밥이 많이 달라붙는 사람은 엠보싱(오톨도톨한)이 있는 장갑을 착용하는 것이 좋다.

밥은 퍼 올리듯이 푼다.

검지부터 약지까지의 4개의 손가락을 모아, 손을 볼의 바닥까지 넣고 퍼 올린다. 위에서부터 밥을 뜨면 아래쪽 밥알이 짓눌려 뭉개지기 때문이다.

② 밥을 편다.

계량

김의 크기에 맞춰 밥의 양을 지키는 것이 중요하다. 처음에는 감으로 잴 것이 아니라 전자 저울 등을 사용해 밥의 양을 정확히 재는 것이 좋다. 기본 꼬마 김밥은 김 1장에 밥 80g이 적당량이다.

1 밥을 두툼하고 길쭉하게, 그리고 둥글게 만든다.

재료(1줄)
밥 … 80g
김 … 기본 1장
오이 … 1/4~1/6개
※ 씨 부분은 수분이 많으므로 잘라낸다.
고추냉이 … 적당량

2 막대 모양으로 만든 밥을 김 중앙에서 조금 위에 놓는다.

3 김의 폭에 맞게 밥을 늘린다.

4 ①왼쪽 앞→②오른쪽 앞→③중앙의 순서대로 펴 바른다.

몸과 가까운 쪽은 조금 높게, 중간 부분은 움푹 들어가게, 다시 건너편 쪽은 조금 높게 함으로써 속재료가 삐져나오지 않게 한다.

예를 들면 오이 김초밥

5 속재료를 올린다.

위쪽은 1.5cm 정도 남긴다

밥 중앙에 고추냉이를 바르고 오이를 놓는다.

몸 쪽은 5mm 정도 남긴다.

③ **말기** ※ 사진에서는 이해하기 쉽게 밥을 대발 앞쪽으로 옮겼다.

1 속재료를 누르면서 말기 시작한다.

가운데 손가락으로 속재료를 누른 다음 대발 앞쪽을 들어주면서 말기 시작한다.

2 대발을 잡아당긴다.

여기가 중요!

쥐고 있던 대발의 앞쪽 끝이 건너편 쪽 밥 가장자리에 닿으면 대발을 앞쪽으로 끌어당긴다.

3 대발 끝을 위로 들춘다.

대발 끝을 조금 위로 들춰 올린다.

4 앞쪽으로 대발을 민다.

김의 이음매가 바닥에 닿을 때까지

대발을 쥐고, 대나무 결 5개 정도가 앞쪽으로 오게 밀며 김밥을 회전시키고, 둥글게 만다.

5 형태를 다듬는다.

양끝도 평평하게

오이 김초밥은 네모나게 말아 준다. 엄지손가락 바닥을 김밥 앞쪽, 뻗은 검지는 대발 윗부분에, 남은 세 손가락은 대발 너머로 두고 쥐어가면서 사각형으로 만든다.

④ **자르기**

1 한 가운데를 자른다.

젖은 행주로 부엌칼을 닦는다.

2 2줄을 나란히 놓고 3등분한다.

※ 꼬마김밥은 보통 3등분해 총 6개로 자른다.
(박고지 말이는 4개)

사선으로 자르기에 도전

2줄을 나란히 놓고 먼저 1/3을 잘라낸 후 나머지 부분에 비스듬히 칼을 넣는다. 절단면이 대나무와 절단면과 비슷하기 때문에 '대나무 자르기' 라고도 한다.

기본 ❼ **캐릭터 김밥 만들기 요령**

캐릭터 김밥은 각각의 부분을 조립해서 하나의 완성된 모양을 만드는 것이다. 그만큼 사용하는 김의 크기도 크고 밥의 양도 많기 때문에 꼬마김밥을 만들 때와는 다른 기술이 요구된다.

① 김을 놓는다.

김은 대발의 결 방향과 반대인 세로로 놓는다.

대발 앞쪽 끝과 김이 일치하게 놓는다.

밥을 좁은 범위 내에서 펴 발라야 할 때는, 대발을 돌려 김을 가로로 두고 작업하는 경우도 있다.

② 김을 연결한다.

캐릭터 김밥은 대부분 기본 1장(완전형의 1/2장 크기)에 다른 김을 연결해서 사용한다. '김 1장과 1/2장' 라는 표기가 있으면 밥풀 몇 알로 기본 김 1장의 가장자리에 김 1/2장을 1cm 정도 겹치게 이어 붙인다.

김 1장과 1/2장

밥풀 몇 알

③ 밥을 펼친다.

1 쌀가마니 형으로 올린다.

밥을 골고루 펴 바르기 위해서는, 미리 밥의 중량을 재고 쌀가마니 모양, 또는 막대 모양으로 만들어 놓아야 한다. 그런 다음 김 중앙에 올려 놓는다. 손가락 끝을 모아 약 반 정도의 양을 먼저 밑으로, 나머지를 그 위쪽으로 펼친다.

밥을 잡아끌지 않도록 한다.

2 골고루 펼치기

지정된 위치까지 골고루 펴 바른다. 가장자리가 삐져나오지 않았는지, 부족하지 않은지 확인한다. 부족한 부분에는, 많아 보이는 부분에서 손으로 집어 옮겨 놓는다.

김이 길 때(김 1장과 1/3장 이상)**에는?**
밥을 2~3등분해서 쌀가마니 모양이나 막대 모양으로 올려놓는다.

개별 부분 만들 때의 주의사항

캐릭터 김밥은 개별 부분을 만드는 것부터 시작한다. 모양을 만드는 데에는 밥 이외에도 계란이나 박고지, 오이, 채소조림 등 다양한 식재료를 김으로 감싸서 사용한다. 김 가장자리는 밥 몇 알로 붙여서 이어주면, 나중에 벗겨지지 않는다. 또한 김이 너무 빳빳해서 말기 어려울 때는 젖은 행주나 키친타월로 김을 가볍게 눌러 눅눅하게 한 뒤 말아 준다. 완전히 말고 난 후, 이음매는 바닥을 향하게 한다.

④ **말기** 캐릭터 김밥에서는 대발이 엄청난 활약을 한다. 꼬마김밥을 만들 때와 달리 더욱 다양한 방식으로 김밥을 말 수 있다.

A 그대로 말기

꼬마 김밥을 말 때와 똑같은 기술로 만다.

개별 부분 만들기에서는 작은 김으로 소량의 밥이나 재료를 말아야 한다. 이때 손으로 말거나 대발을 사용하는데, 끝까지 꼼꼼하게 말아줘야 한다.

B 손바닥에 올려놓고 말기

대발을 손바닥에 올려놓고 둥글게 모아 쥔다. 양쪽 옆에서부터 조금씩 균등하게 오므리며 마는 것이 요령이다. 손바닥에 올려둔 대발을 둥글게 모아 쥐면 위쪽으로 밥이 부풀어 오르기 때문에, 위를 눌러가면서 말아준다.

위에서 누를 때는 힘 조절에도 주의한다. 모양이 뭉개지게 누르면 안 된다.

C 비비기

소량의 밥이나 얇은 재료를 넣고 말 때 둥글고 예쁘게 다듬는 기술이다. 김을 손이나 대발로 한 번 말아준 뒤, 눅눅해지면 대발에 올려놓는다. 두 번 접은 대발을 앞뒤로 비비면서 둥글게 만들어 간다. 같은 모양의 여러 줄을 예쁘게, 같은 크기로 말 때 사용한다.

⑤ **끝마무리**

1 위에 밥을 덮어준다.

마무리 단계에서 캐릭터 모양이 밥 중앙으로 오도록 밥을 보충한다. 위에서 '뚜껑'처럼 덮어주기 때문에 '뚜껑밥'이라고도 한다. 초보자일 때는 '뚜껑밥'이 부족하기 십상이다. 여분의 밥을 옆에 준비해 두는 것이 좋다.

2 김 끝 부분을 잘 맞춰 덮는다.

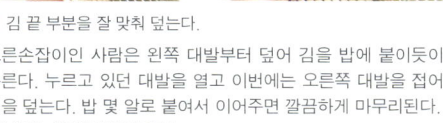

오른손잡이인 사람은 왼쪽 대발부터 덮어 김을 밥에 붙이듯이 누른다. 누르고 있던 대발을 열고 이번에는 오른쪽 대발을 접어 김을 덮는다. 밥 몇 알로 붙여서 이어주면 깔끔하게 마무리된다. (왼손잡이는 오른쪽 대발부터 한다.)

⑥ **김밥 표면 다듬기**

김의 이음매가 아래를 향하게 두고 김밥을 도마에 옮긴다. 그런 다음 대발을 위에서부터 덮어 형태를 다듬는다(둥글게 말 때는 대발을 양손에 쥔다). 행주나 손바닥으로 측면을 눌러가면서 평평하게 정돈하고 속재료가 삐져나오지 않게 한다.

⑦ **자르기** 마지막 관문이다. 깔끔하게 자르면 캐릭터의 모양이 더욱 명확해진다. 칼을 깨끗하게 닦고, 앞뒤로 움직이면서 자른다.

1 칼날로 4등분하여 칼집을 내고, 젖은 행주로 닦아낸 칼끝을 먼저 중앙에 갖다 댄다.

2 앞쪽으로 칼을 밀면서, 속재료 부분까지 칼을 눌러 넣는다.

3 이번에는 몸쪽으로 식칼을 잡아당기면서 중앙 부분까지 자른다. 여기서 한 번 더 젖은 행주로 칼을 닦아서 밥풀을 떼낸다.

칼날이 바깥쪽을 향하게 하고 닦을 것!

4 칼을 찔러 넣어 앞쪽으로 밀어준다. 그리고 다시 몸 쪽으로 잡아당겨 자른다. 2등분한 뒤에 손가락 사이에 칼을 넣고 같은 방법으로 다시 2등분한다.

가와스미 겐 (川澄 健)

저자는 '가와스미 캐릭터 김밥 협회' 및 '가와스미 캐릭터 김밥 보급회' 회장이다. 1956년 가나가와 현 가마쿠라 태생으로, 다년간 도쿄와 가나가와 지역의 초밥집에서 수행을 했다. 이를 통해 에도식 초밥뿐 아니라 전통적인 정교한 초밥 말이와 향토요리인 두꺼운 말이 초밥 등을 연구하고 경력을 쌓아왔다. 다수의 초밥 기술대회 등에 출전했고, TV 도쿄의 'TV 챔피언 전국 초밥장인 기술 선수권' 에서 3승을 거둔 실적을 갖고 있다. 1994년부터 12년 동안 '스시 가와스미' 를 경영하다가 2006년부터 초밥 전문학교에서 강사로 재직하고 있으며, 2013년부터 도쿄 츠키지의 '일본 스시학원' 책임 강사를 맡고 있다. 초밥 장인을 육성하는 한편, TV 미디어 등에 다수 출연해 맛있는 캐릭터 김밥을 보급하는 활동을 하고 있으며, 초밥 검정시험, 식재료 개발 등의 연구모임도 이끌고 있다. '캐릭터 김밥' 의 대가이며, 현재까지 그가 개발한 캐릭터는 300종이 넘는다. 일본은 물론이고 전 세계에 캐릭터 김밥을 보급한 캐릭터 김밥계의 명실상부한 1인자이다. 《캐릭터 김밥 김초밥 대전과(1990년)》등, 다수의 캐릭터 김밥과 초밥 관련된 저서가 있다.

친구들에게 인기 만점!
엄마표 캐릭터 김밥

초판 1쇄 2015년 3월 20일

지은이 가와스미 겐   **옮긴이** 김소영
펴낸이 전호림   **기획·제작** 비즈앤노블   **펴낸곳** 매경출판(주)
등 록 2003년 4월 24일(No. 2-3759)
주 소 우)100-728 서울특별시 중구 퇴계로 190(필동 1가) 매경미디어센터 9층
전 화 02)2000-2647(사업팀) 02)2000-2636(영업팀)
팩 스 02)2000-2609   **이메일** biznnovel@naver.com
인쇄·제본 (주)M-print 031)8071-0961

ISBN 979-11-5542-116-1 (13590)

값 12,800원